ハンディシリーズ
発達障害支援・
特別支援教育ナビ
柘植雅義◎監修

加藤浩平 編著

発達障害のある子ども・若者の余暇活動支援

●加藤浩平　●松本太一

●藤野　博　●吉澤昌好

●野口和人　●堀口智美

●木谷秀勝　●黒山竜太

●吉川　徹　●尾崎ミオ

●河髙康子　●五里江陽子

金子書房

「発達障害支援・特別支援教育ナビ」の
刊行にあたって

　2001 年は，新たな世紀の始まりであると同時に，1 月に文部科学省の調査研究協力者会議が「21 世紀の特殊教育の在り方について 〜一人一人のニーズに応じた特別支援の在り方について〜」という最終報告書を取りまとめ，従来の特殊教育から新たな特別支援教育に向けた転換の始まりの年でもありました。特に画期的だったのは，学習障害（LD），注意欠如多動性障害（ADHD），高機能自閉症等，知的障害のない発達障害に関する教育の必要性が明記されたことです。20 世紀の終わり頃，欧米などの他国と比べて，これらの障害への対応は残念ながら日本は遅れ，国レベルでの対応を強く求める声が多くありました。

しかし，その 2001 年以降，取り組みがいざ始まると，発達障害をめぐる教育実践，教育行政，学術研究，さらにはその周辺で深くかかわる福祉，医療，労働等の各実践，行政，研究は，今日まで上手い具合に進みました。スピード感もあり，時に，従来からの他の障害種から，羨望の眼差しで見られるようなこともあったと思われます。

そして 14 年が過ぎた現在，発達障害の理解は進み，制度も整い，豊かな実践も取り組まれ，学術研究も蓄積されてきました。以前と比べれば隔世の感があります。さらに，2016 年 4 月には，障害者差別解消法が施行されます。そこで，このような時点に，発達障害を巡る種々の分野の成長の全容を，いくつかのテーマにまとめてシリーズとして分冊で公表していくことは非常に重要です。そして，発達障害を理解し，支援をしていく際に，重要度の高いものを選び，その分野において第一線で活躍されている方々に執筆していただきます。各テーマを全体的に概観すると共に，そのテーマをある程度深く掘り下げてみるという 2 軸での章構成を目指しました。シリーズが完成した暁には，我が国における発達障害にかかわる教育を中心とした現時点での到達点を集めた集大成ということになると考えています。

最後になりましたが，このような画期的なアイデアを提案して下さった金子書房の先見性に深く感謝するとともに，本シリーズが，我が国における発達障害への理解と支援の一層の深まりに貢献してくれることを願っています。

2014 年 9 月

　　　　　　　　　　　　　　　シリーズ監修　柘植雅義

Contents

第1章 発達障害のある子ども・若者の余暇活動支援の大切さ
……………………………………………………… 加藤浩平　4

第2章 仲間関係の発達支援における共通の興味関心に基づく
余暇の意義
……………………………………………………… 藤野　博　11

第3章 成人期までを見据えた余暇活動の居場所づくり・
仲間づくり
……………………………………………………… 野口和人　19

第4章 余暇活動が育む「こころ」と「からだ」のバランス感覚
……………………………………………………… 木谷秀勝　26

第5章 ネットやデジタルゲームと上手につきあうために
……………………………………………………… 吉川　徹　34

第6章 発達障害のある思春期の子どもたちの放課後活動
──放課後等デイサービス「ソラアル」での実践
……………………………………………………… 河髙康子　44

第7章 発達障害のある子ども・若者の余暇活動支援の実際

1 余暇支援ツールとしてのアナログゲームの可能性
—— 就労移行支援施設での事例
··· 松本太一 52

2 スポーツクラブでの実践
—— 認定NPO法人トラッソスの取り組み
··· 吉澤昌好 63

3 テーブルトーク・ロールプレイングゲーム（TRPG）の実践
··· 堀口智美 72

4 「趣味トーク」の実践
—— 仲間と「好き」を語り合う体験
··· 加藤浩平 80

第8章 一人でリラックスして過ごす余暇
··· 黒山竜太 86

第9章 「好きなこと」と生きていく
——世田谷区受託事業「みつけばハウス」の実践から
··· 尾崎ミオ 92

第10章 就労を支える余暇活動
——保護者の立場から
··· 五里江陽子 100

第1章

発達障害のある子ども・若者の余暇活動支援の大切さ

加藤浩平

1 はじめに

　近年，特別支援教育や発達支援の分野では，自閉スペクトラム症（ASD）をはじめとする発達障害のある人たちの「生活の質」（Quality of Life；QOL）や精神的健康に焦点を当てた支援が重要視されている。田中（2014）は，発達障害を「生活障害」としても捉えているが，本人自身が感じている「生きづらさ」の解消や生活への満足度に注目した支援のあり方が，今後は一層大切になる。

　発達障害のある子どもや若者たちは，その特性から学校生活や日常生活の中で，さまざまな不適応や困難，生きづらさを引き起こす。また，思春期前後から外的環境に対する過敏反応によって，対人関係などのストレスが顕在化し，結果として生活の中での成功体験の乏しさからくる無能感，自尊感情の低下や迫害感も強化されやすい。発達障害のある子どもたちはQOLや自尊感情が低いことが報告されており（古荘ら，2014），特に同世代との友人関係が重要視され，周囲からも自立を促される思春期・青年期においては学校適応や対人関係などの生きづらさがより顕著になることは想像に難くない。

　発達障害のある子ども・若者への支援を進めていく際には，彼らの目に見えている障害特性や行動特性に注目するだけでは不十分で，見た目にはわかりづらい生活への満足感／不全感にも着目しながら関わることが不可欠である。QOLはその「生活の満足度」や「生きづらさ」を客観的に測る物差しの1つといえるが，本書のテーマである余暇・余暇活動は，障害のある人たちのQOLの中核指標の1つであることが以前から指摘されている（Schalock，2002）。発達障害のある子ども・若者の生活満足度や精神的健康を考えるうえで，余暇・余暇活動の支援は決して外すことはできない重要な視点となってくる。

2 余暇の定義・余暇活動支援の意義

　人にとって余暇をどう過ごすかは，障害の有無にかかわらず，精神的健康を含めて非常に大切な課題である。WHO（世界保健機関）が提唱するICF（国際生活機能分類）でも，「活動・参加」の9項目ある大分類の1つ「コミュニティライフ・社会生活・市民生活」の領域には，「レクリエーションとレジャー」という分類があり，人間が社会で生活していくために余暇が必須なものであることを明示している。

　フランスの社会学者デュマズディエ（Dumazedier, 1962）は，著書『余暇文明へ向かって』の中で，余暇を「個人が職場や家庭，社会から課せられた義務から解放されたときに，休息のため，気晴しのため，あるいは利得とは無関係な知識や能力の養成，自発的な社会的参加，自由な創造力の発揮のために，全く随意に行う活動の総体である」と定義している。また，中山（2004）は，余暇を「広い意味で，その人の日常生活の不可欠な要素として『家庭生活』『学校・職業生活』と同等の生活領域の1つ」であり「その人の毎日の生活にあって，個人の興味や関心に基づいて，自由に趣味を楽しんだり社会参加を行なう活動とその場面」と定義している。ほかにもさまざまな分野の研究者が余暇や余暇活動について定義をしているが，それらに共通するのは，「自由」「自発」というキーワード，そして学校や職場とも，家庭の場とも違う「第3の場」としての位置づけ（決して「余暇＝余った暇」ではない）である。その人自身が自由に裁量できて，自発的に参加ができ，「自由」や「楽しみ」があり，この過程全体を通して本人の生活を豊かにすることにつながること，それが余暇・余暇活動としては不可欠の条件となる。そして，余暇活動の目的とは日々の生活の隙間を埋めることではなく，社会参加や自己実現である。

　いっぽうで，発達障害，特にASDのある子ども・若者たちは，その認知特性などから，生活の中に余暇の時間・空間を持つことや，他者と交流する余暇活動を過ごすことが難しく，周囲のサポートが必要と言われる。たとえば，学校や職場で，課題の明確な授業時間や仕事時間には問題なく行動できたとしても，自由時間や休み時間に何をしていいか具体的にわからず困っているASDのある子ども・大人は多い。また，学校卒業後もしくは不登校の状態にあると

保護者や家族以外の他者との交流がなくなり，自然と余暇の場の選択肢は限られてしまう。さらに，こだわりの強さや衝動性の高さのために，本人が感じる楽しかった体験が周囲とズレてしまう場合も起きやすい。それらの失敗体験から他者との関わりや集団活動への参加を忌避したり，メンタルの不調をきたしたりするケースもある。

　ASDをはじめ発達障害ある人たちが，失敗体験を積み重ねたり，社会参加の機会が狭まることは彼ら彼女らのQOL低下にもつながる。それを防ぐ面からも余暇活動支援を重視すること，そのための周囲のサポートや環境調整などの支援は重要であると言えよう。しかしながら，ASDのある子どもや若者の支援においては，学校や職場，家庭生活の場で起きている問題への解決が優先されてしまい，余暇というテーマは後回しにされがちである（日戸，2009）。

3 発達障害分野における余暇・趣味の活動への支援とQOLに関するこれまでの研究

　ASDなど発達障害のある子ども・若者たちの余暇活動や趣味の活動の支援についての研究は，彼らに余暇スキルを教えていくという傾向から，本人のQOLの向上や社会参加，インクルージョンに焦点を当てたものに移行している。その詳細については別稿（加藤，2018）に譲るが，たとえば，Orsmondら（2004）は，在宅で生活するASDのある10代から40代の保護者235名を対象に本人の仲間関係，社会的・余暇活動への参加について面接と質問紙による調査を行い，対象児者の半数に同年代の友人と活動を共にする互恵的な関係がないことを明らかにしている。また，Chiang & Wineman（2014）は，ASDとQOLに関連する研究論文16編をレビューしており，その中で，ASD児者の問題行動や余暇活動が，ASD児者のQOLと関連していること，問題行動と適応行動がASD児の大多数のQOLと関連していることなどを報告している。

　国内でも，知的能力の遅れのないASDのある子どもや若者を対象に，余暇スキル取得を目的に定めたり就労や学習以外の時間をどう過ごさせるかという観点とは違う，本人の自発性や興味関心，仲間づくりを大切にした実践や研究が紹介されている。たとえば，ゲームや映画鑑賞など本人の趣味や興味を主体

的に楽しむソーシャルクラブの取り組み（中山，2004）や，参加する子どもた
ちの共通の趣味をベースにした小グループ支援（日戸ら，2010；加藤・藤野，
2015），などが数多く報告されている。

　なお，中山（2004）は，ASDのある人のグループの余暇活動（ソーシャルク
ラブなど）の意義として，「ASD者が主役になって参加する場」を第一に挙げて
いる。対象となる子ども・若者のQOL向上につながる余暇活動支援において，
参加者の主体性・自発性を尊重することは重要なポイントである。

4 本書の企画の意図ほかについて

　以上のように，QOLや生きづらさ，社会参加などをキーワードに，発達障害
のある子どもや若者たちにとって余暇の場を持つことの大切さ・余暇をどう過
ごすかを日々の生活全般から再検討することが注目されてきている。しかしな
がら，ASDをはじめとする発達障害の特性や支援ニーズを踏まえた具体的な支
援のあり方についてはまだ十分検討されているとはいえない。また余暇活動支
援を一面的に捉える傾向もあり，それらも含めて課題も多い。そこでシリーズ
監修の柘植雅義氏からの要請もあり，今回の本書の企画に至った。

　具体的には，本書では発達障害のある子どもたち，中でも学校（職場）生活と
いう「第1の場」や，家庭生活という「第2の場」以外の「第3の場」（他者と交
流する余暇活動）につながる機会を持ちにくい，思春期・青年期の子ども・若
者たちに焦点を当てている。そして彼ら・彼女らの余暇活動への支援について，
特に，①支援の一環としての余暇活動ではなく，支援の効果・豊かな日常生活
を活性化させるための余暇活動の意味，②具体的な余暇活動の実践報告，③そ
の波及効果として見られる仲間関係，社会性の伸長，という3つの視点を踏ま
え，それぞれの著者に執筆を依頼した。発達障害のある子ども・若者たちの余
暇活動支援のすべてを網羅できている訳ではないが，余暇活動支援に関心のあ
る方々にとってのナビゲーションの1つとして本書をとらえていただけると幸
いである。

　なお，筆者はこれまでの間，大学の臨床の場やNPO，親の会などのフィー
ルドで，主にASDのある10代の子どもたちを対象にした，小集団ベースの活

動，中でもテーブルトーク・ロールプレイングゲーム（TRPG）や「趣味トーク」などのコミュニケーションを楽しむ余暇活動に関わってきている。活動の中で大切にしているのは，参加する子ども・若者たちの安心・安全を保障すること（環境調整），子どものこだわりを「強み」として尊重しながら，子どもたちが“ゆるく”仲間とつながれる黒子となることである。

筆者らは，知的能力の遅れのないASDのある10代の子どもたちを対象に余暇活動（TRPG活動）を通じたQOLの変化を調査している（加藤・藤野，2015）。約半年間の余暇活動の初回と最終回に，子どものQOL尺度（古荘ら，2014）による質問紙調査を参加者の子どもたちに実施し，前後の得点を比較する量的な分析（対応のあるt検定）を行った結果，初回よりも最終回のQOL総得点および5つの下位領域の得点が有意に上昇していた。中でも活動の効果の高かった領域は，「精神的健康」と「友だち」であった（図1-1）。

また，余暇活動を継続していく中で，以前よりコミュニケーションや表現することに自信が持てるようになった子や，他の場所でも趣味の仲間を作りTRPG以外の余暇活動も楽しむようになった子，スタッフ・進行役の側として活躍するようになった子など，支援者や保護者が予想していなかった成長を見せたり活動する世界の幅を広げたりする子どもたちも出てきた（Kato，2019）。

ギリシャ語の「スコレー（余暇）」が，「school（学校）」の語源であることから

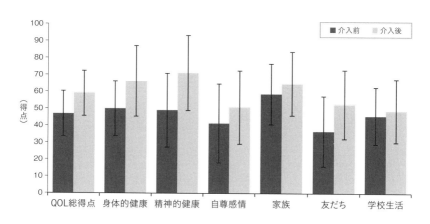

図1-1　活動前後のQOL総得点と下位領域のQOL得点の平均値（N=51）

もわかるように，余暇の場とは自発的に，かつ自由に，自分の興味・関心があることをひたすらに追求しながら，学びと育ちを得られる場とも言える。ただしそれは楽しむことが前提の学びであり，余暇活動を楽しむ本人は何かを学んでいることを意識などしていない。余暇の場での学びや成長は後からついてくる。周囲の大人たちの思う通りにはならないし，いわゆる発達障害児者支援としてみれば，もどかしさや効率の悪さを感じるかもしれない。だが，効率や合理性の世界と一線を画した活動の場だからこそ，子ども自身が興味と関心を基に主体的に参加し，ときに深い回り道をしつつ仲間との対話と交流を楽しみながらその中で色々なことを知って学んでいく。そして，そういった場で体験したこと・得たものは生涯にわたりその子の人生の支柱になっていくと思う。

5 おわりに——交流・出発・再び帰る場としての余暇活動

　以前，筆者の余暇活動に参加している子どもたちにインタビュー調査を行った際，ある一人のASDのある青年から，「この活動は，自分にとって『オアシス』のようなもの」というコメントをもらったことがある。オアシスと聞くと単なる休憩の場がイメージされがちだが，実際のオアシスは，休憩所の役割だけではなく，交易・交流の場でもあり，旅人が新たな地に向かう力を得るための中継地点であるという。その青年にとっては，余暇活動の場が，いつまでも留まり続ける「溜まり場」ではなく，心身を休めたら新たな冒険（日常）へと出発し，また冒険に疲れたら戻って来て仲間と再会して語らうことのできる（RPG風に言えば）「冒険者たちの酒場」のような場になっていたのかもしれない。

　その時のインタビュー調査では，他の子ども・若者たちからも「普段出会えない仲間や人と出会える場所」，「笑顔と笑いの絶えない場所」，「活動が終わった後やその帰り道などに他の参加者と話すのも楽しかった」，「ここ（余暇の場）で話すのが楽しくなって，学校でも自然に楽しく話せるようになった」等々のコメント・感想が得られた。学校とも家庭とも違う，余暇活動という「第3の場」を居場所として得ることで，子どもたちは新たな自分の一面を見つけたり，心的なエネルギーを蓄えたりできる。そして自分の新たな世界（趣味や興味）を広げ，新たな仲間を見つけていくことにもつながっていく。

発達障害のある子ども・若者の独特な世界観や活動のペース・リズムを含めた「本人らしさ」を受け止め，安心かつ安全に「楽しさ」を感じることのできる場（選択肢）を増やしていくこと，それは同時にASDをはじめとする発達障害のある人たちの自立や生活の充実につながる「依存先」を増やす（熊谷，2015）ことにもなる。余暇・余暇活動の支援とは，発達障害のある子ども・若者たちの生涯発達の支援そのものとも言えるだろう。

【引用・参考文献】

Chiang,H.M., Wineman,I. (2014). Factors associated with quality of life in individuals with autism spectrum disorders: A review of literature. Research in Autism Spectrum Disorders, 8, 974-986.

Dumazedier, J. (著)，中島　巌 (訳)．(1972)．余暇文明へ向かって．東京創元社．

古荘純一・柴田玲子・根本芳子・松嵜くみ子．(2014)．子どものQOL尺度 その理解と活用：心身の健康を評価する日本語版KINDLR．診断と治療社．

Kato, K. (2019). TRPGs and Autism: From Communication Support to Ways of Self-Expression. Talk Presented at Knudepunkt 2019, Vejen, February 10.

加藤浩平．(2018)．余暇活動支援．日本発達心理学会 (編)／藤野　博・東條吉邦 (責任編集)．自閉スペクトラムの発達科学 (シリーズ　発達科学ハンドブック)．新曜社．

加藤浩平・藤野　博．(2015)．TRPGはASD児のQOLを高めるか？．東京学芸大学紀要 総合教育科学系Ⅱ，67，215-221．

熊谷晋一郎．(2015)．発達障害当事者の「自立」と「依存」．藤野　博．(編著)，柘植雅義．(監修)．発達障害のある子の社会性とコミュニケーションの支援 (ハンディシリーズ 発達障害支援・特別支援教育ナビ)．金子書房．

中山清司．(2004)．余暇支援．佐々木正美 (監修)，梅永雄二 (編著)．青年期自閉症へのサポート：青年・成人期のTEACCH実践．岩崎学術出版社．

日戸由刈・萬木はるか・武部正明・本田秀夫．(2010)．アスペルガー症候群の学齢児に対する社会参加支援の新しい方略：共通の興味を媒介とした本人同士の仲間関係形成と親のサポート体制づくり．精神医学，52 (11)，1049-1056．

Orsmond,G.I., Krauss,M.W., Seltzer,M.M. (2004). Peer relationships and social and recreational activities among adolescents and adults with autism. Journal of Autism and Developmental Disorders, 34(3), 245-256.

田中康雄．(2014)．生活障害としての発達障害．発達，137，2-9．ミネルヴァ書房．

第2章

仲間関係の発達支援における 共通の興味関心に基づく余暇の意義

藤野　博

1 ヒトの発達と遊びの役割

　ピアジェ（Piaget, J.）によると，ヒトの精神活動は遊びと模倣という2つの系の均衡のなかで発達していく。遊びは外の世界を取り込むことに，模倣は外に世界に合わせることに関係する。また，ヴィゴツキー（Vygotsky, L. S.）は，子どもは本質的に遊びを通して前進すると述べている。遊びの中での年長者を手本にした頭ひとつ分の背伸びが発達につながる。そのように，子どもの発達にとって遊びの意義はとても大きなものだが，年齢とともにその重要性の認識は減っていき，勉強や仕事がそれに取って代わる。そして遊びは「余暇」の中にその居場所が与えられる。余暇とは「自分の自由に使える，あまった時間」（『広辞苑』第七版）のことをいう。

　遊びとは何だろうか。楽しさ，心地良さなど快の感情を伴うことが最初に挙げられる。遊ぶよろこびに満たされた状態のことを「プレイフル」という。そして，遊びの中では，我を忘れて活動に没入する状態になることがある。そのような没我状態を「フロー」と呼ぶ。また，好きなときに始めたり止めたりできる自由も遊びの特徴である。ルールを守らねばならない遊びもあるが，遊びの中では強制されてではなく自分の意思でルールに従っている。そのような自律性も遊びの特徴といえる。

　発達支援においては，幼児期までは遊びを基盤とするアプローチが主流だが，学童期以降は教育的，訓練的な活動が中心となる。両者の違いは，従事する活動が目的になるか何かを得るための手段になるかにあるだろう。前者が何らかの別の目的を達するために欲求を一時的に棚上げして行われるいわば外発的動機づけによる活動だとすると，後者は活動そのものが目的になる点で内発的動

機づけによるものといえる。

学齢期以降の社会性の発達支援は規範や規律に重点が置かれ，ソーシャルスキル・トレーニング（SST）が行われることが多い。SSTは他者に合わせることが中心となる活動であり，ピアジェの枠組みでは「模倣」の系に相当するだろう。一方，友人との関係では自由と自律を本質とする「遊び」の系が前景に出ると考えられる。しかし，発達障害の児童生徒や青年の支援において遊びが取り上げられることは意外に少ない。また，遊び的な活動ではあってもキャンプなどの野外活動やレクリエーションなどが多く，ゲームやアニメなどが取り上げられることはあまりない。しかし，それでは子どもたちの生態を十分に反映しているとはいえない。とくに仲間関係，友人関係の問題に対しては，子どもたちの生態系を知ることなしに効果的な支援はできないのではないだろうか。大人の価値観に色づけられた遊びに専門家はとらわれていないか。とりわけ，ユニークな感性をもつ発達障害の子どもたちに対しては，彼らが仲間とともに本当にやりたいことを見極めることが支援においてはきわめて重要と考えられる。

本章では，発達障害とくに自閉スペクトラム症（ASD）の子どもたちの仲間関係の発達支援にとって，共通の興味関心に基づく余暇の意義について考察したい。

2 発達障害の人たちの精神的健康とQOLの問題

発達障害の児童は一般の児童に比べ，総じて生活の質（QOL）が低い（古荘ら，2006）。また，小・中学生を対象とした大規模調査からは，ASDの行動特性を多くもつ者ほど精神医学的症状を合併する割合が高いことが報告されている（森脇・神尾，2013）。そして，不安やうつなどの情緒的問題を抱えるリスクはASD児童では定型発達児に比べ20倍という統計もある（神尾ら，2013）。

ASD者に対するエビデンスに基づく介入を行った研究のレビューによると，社会性の領域では165編，コミュニケーションの領域では182編の報告があったのに対し，精神的健康（ウェルビーイング）に関しては1編のみであった（Wong，2015）。ASD支援においては近年，ソーシャルスキルの獲得から認知行動的な情動調整に支援の重点がシフトしているものの（藤野，2013），精神的健康と

QOL の向上に向けた取り組みはまだまだ少ないのが現状であろう。

　発達障害の人たちの精神的健康や QOL の低さをもたらす要因のひとつに「孤独感」があると考えられる。ASD 者は定型発達者よりも孤独を訴える割合が多い（Bauminger & Kasari, 2000）。ASD 者は友人の人数，友人と過ごす時間，会う頻度が定型発達者より有意に少ない。また，友人との過ごし方も両群は異なり，定型発達者は屋外遊びや映画・会食など家庭・学校外での活動が多かったが，ASD 者は学校や家庭の中でボードゲームやテレビなどで過ごすことが多く，会話も少ない（Bauminger & Shulman, 2003）。

　筆者の研究室が関わっている発達障害児支援グループに参加する子どもたちに友人関係についてのアンケートを実施したことがある。友人関係の質を評価する質問紙 FQS から抽出した 4 項目（「休み時間は，ほとんど友だちと一緒に過ごす」「友だちと一緒に何かをすることは楽しい」「放課後や休みの日に，友だちとお互いの家で遊んだりする」「友だちと，学校や好きなことについて話をする」）について回答を求めた結果，発達障害群は定型発達群よりも有意に得点が低かった。また「その他，友だちについて書きたいことがあれば，書いてください」という質問に対しては，「同じ学年には全く友だちがいません」「学校では皆からそがいされるだけである」「放課後は一人で過ごすことが多くなっています」「図書館でいつも休み時間は本を読んで楽しんでいます」などの回答があった。友人関係で満足できていない状況が見て取れる。

　友人の不在による孤独感をどう解消するかが，ASD 児者の精神的健康と QOL を高めるポイントとなるのではないだろうか。

3 ASD 者の認知の特徴と経験の共有

　ASD の人たちはなぜ友人関係を築きにくいのか。ひとつの理由として，定型発達者とのものの見方，感じ方の違いがあると考えられる。ASD の認知の特徴のひとつに「弱い中枢性統合」がある。いわゆる「木を見て森を見ない」傾向で，細部へのこだわりの問題とされているが，そのような特徴を「認知粒度」（小嶋，2019）という観点からニュートラルに捉える見解もある。ASD 当事者の綾屋紗月氏は，ASD 者と定型発達者の認知スタイルの違いを解像度の違いに例え，解

像度が違うもの同士が経験を共有することの難しさを指摘している。共感関係が成り立ちにくいのはASD者ばかりが責めを負うべき問題でなく，お互いさまだという視点である。比喩的にいえば，ASD者と定型発達者は「波長」が違うということになろうか。それに対し，同じ認知スタイルをもつASD者同士は経験を共有しやすいことを示唆する知見がある。ASD者は同じ特性をもつ者に共感する，という実験心理学・脳科学的な基礎研究に基づく「自閉的共感性（autistic empathy）」の仮説である（Komeda et al., 2015）。この仮説から示唆されることは，同じ特徴をもつ者同士ならば，相手に合わせるためのカモフラージュをせず，自分自身のままで友人関係を築くことができるのではないかという可能性である。自閉症に特化したQOL尺度（Autism-Specific QOL）の中には「友人や親しい人といるときにあなた自身になれますか？」という項目がある（McConachie et al., 2018）。自分らしさを失わずに仲間と関われることはQOLを高めると考えられる。

そして，ASDの人たちには興味関心の持ち方に何らかの共通性があるなら，それを通じて経験の共有や共感体験を得やすくなるのではないか。ASD児者の興味関心の特徴についてはこれまでに少なからぬ研究が行われてきた。

4 ASD児者の特別な興味

特定の対象に向けられる強い興味関心は，カナー（Kanner, L.）やアスペルガー（Asperger, H.）以来，ASDを特徴づける行動傾向のひとつとして取り上げられてきた。DSM-5（American Psychiatric Association, 2014）において，ASDの診断は「A：社会的コミュニケーションおよび対人的相互反応における持続的な欠陥」と「B：行動，興味，または活動の限定された反復的な様式」の2つの基準からなされる。Bの基準のうち，「強度または対象において異常なほど，きわめて限定された執着する興味」が特定のものへの強い興味に相当する特徴である。

ASD児が機械や乗り物など物的システムに強い関心を向けることが明らかになっている（Baron-Cohen & Wheelwright, 1999）。インターネットのディスカッション・フォーラムへの投稿を分析した調査では，定型発達群はスポーツ

とゲームの話題が多かったが，ASD群では科学，歴史・文化，機械・テクノロジー，乗り物などの話題が多かった（Jordan & Caldwell-Harris, 2012）。また，オランダで行われたASD者の特別な興味に関する大規模調査（Groove et al., 2018）によると，女性では自閉症，自然とガーデニング，芸術と文化が好まれ，男性ではコンピュータとゲーム，音楽とバンド，自閉症が好まれていた。自閉症，自然とガーデニング，人体や心理学，動物，芸術と文化に興味を持つ人は女性の方が男性よりも有意に多く，男性は女性よりも幅広い活動に興味を持っていることが明らかとなった。これらの調査結果を回答者の年齢との関係でみると，年齢が上がるほど，興味が広がっていく傾向がみられた。ASD者は鉄道好きといったステレオタイプにとらわれないことも重要であろう。

　そして，強迫的といった表現で病的な行動特徴として捉えられてきたASD児者の特定の対象に対する強い興味は，近年「特別な興味（special interests）」としてより中立的に扱われる傾向にあり，特別な興味は自閉スペクトラム特性をもつ人たちの生活にポジティブな影響を与えていることを示す知見もある（Grove et al., 2018）。没頭できるものがあると幸福感は強まり，特別な興味を持っている者は持っていない者に比べて余暇の満足度が高いことが報告されている（Grove et al., 2018）。

　また，自閉スペクトラム特性をもつ人たちは定型発達者に比べ，外発的動機でなく内発的動機によって興味をもつという知見もある（Groove et al., 2016）。彼らは，流行っているからとか，勧められたからとか，何かの役に立ちそうだからといった理由ではなく，ただただ面白そうだからという理由のみで特定の対象に興味を向け，それに没頭するようである。

5 発達障害児の趣味と余暇の実態

　筆者の研究室で，発達障害支援グループに参加する中学生と高校生を対象とし発達障害の生徒の余暇の過ごし方とQOLについての調査も行った。「自由な時間にどんなことをしていますか？」という質問には，カードゲーム，アニメを観る，音楽を聴く，マンガを読む，ラノベを読む，パソコンでネットを見る，パソコンでロゴをつくる，自分の頭の中で作った物語をメモ帳にまとめる，な

どの回答があった。「やってみたいが，できないことはありますか？」という質問には，友人とともに遊ぶこと，友だちと遊びに行きたいけれど友だちがいないのでできない，同じ趣味の友だちがゼロ，友だちとゲームをしたいけれどなかなかあえない，グループで出かけてみたいけど遠くに行けない，などの回答があった。友人関係を求めていること，しかしそれが容易でないことがうかがえる。

　また「理想的な余暇生活を10点満点とした時，現在の余暇生活の点数は？」という質問への回答において，得点が6点以上を余暇高満足群，5点以下を低満足群として，余暇の過ごし方をみると，高満足群では，家族とサイクリングする，家族と外出する，友人と一緒にサバゲーをする，など他者とともに活動する傾向がみられた。一方，低満足群は，部屋でゲームをする，音楽を聞く，パソコンでネットを見る，など，ひとりで趣味を楽しむ傾向がみられた。余暇の過ごし方はひとそれぞれ自由で，ひとりで好きなことに没頭するのもありだが，必ずしもそれで満足しきれていない現状も垣間見える。

6 興味関心に基づく仲間関係の支援

　近年，余暇活動を通したコミュニケーション・社会性の発達促進の試みとその効果が報告されるようになってきた。同じ趣味や好みをもつ仲間とともに好きなこと，やりたいことに自発的に取り組むなかで他者との関わりを深めていける可能性が示唆されている。

　たとえば，日戸ら（2010）は，共通の興味を媒介とした仲間関係形成を目的とした支援プログラムを実施しフォローアップ調査を行った。「趣味の時間」と名づけられた活動場面で，各自の関心事を順番に披露する活動を一定期間行った後，100名（主に小学生）の対象者のほとんどは「同じメンバーでまた集まりたい」とコメントし，56名は同じメンバーでその後も集い，うち28名は3年以上にわたって関係を維持したことを報告している。

　また，テーブルトーク・ロールプレイングゲーム（TRPG）と呼ばれる遊びを通したASD児のコミュニケーション支援の効果も報告されている（加藤ら，2012）。TRPGは，テーブルを囲み，紙や鉛筆・サイコロなどを使い，参加者

同士の会話のやり取りで，物語を進めて行くゲームである。一人がゲームの進行役であるゲームマスターを担当する。ゲームマスターは事前にシナリオを用意し，他の参加者は，ルールに従いながら自ら設定したキャラクターを演じ，他のキャラクターとともに物語を紡いでいく。

　TRPG活動を通したQOLの向上も報告されている（加藤・藤野，2016）。「精神的健康」と「友だち」の項目で満足感が顕著に高まったことが注目される。TRPG活動に参加した中高生を主とする子どもたちから「TRPGは笑いの絶えない活動だった」，「日常の中にある選択肢よりも，TRPGのほうがずっと選択肢が多い」「TRPGの後で『こういうのが良かったよね』という話題で雑談ができる。それで自然と話せるようになった」「TRPGを体験してから，前よりも会話することが楽しくなった」「TRPGは，コンピュータゲームにはない会話のやり取りが面白い」「コンピュータのRPGと違って，仲間との会話が自由にできるのが好き」などの感想が得られている。加藤らの発達障害児を対象としたTRPG活動は今日，ロールプレイングゲームの応用例として国際的にも注目されている（Kamm, 2020）。

　特別な興味はASD者のストレスや不安を軽減することが指摘されているが（Attwood, 2003），マイナスをゼロに近づけるだけでなく，精神的健康とQOLを向上させる，すなわちプラスを増大させる可能性ももつと考えられる。共通の興味関心に基づく発達障害の子どもたちの仲間関係の発達支援は大きな潜在力を秘めており，今後さまざまな形で実践され，有効性についてのエビデンスが蓄積されていくことが望まれる。

【引用・参考文献】

American Psychiatric Association (2014) DSM-5　精神疾患の診断・統計マニュアル（高橋三郎・大野 裕，監訳）. 東京：医学書院.

Attwood, T. (2003) Understanding and managing circumscribed interests. In M. Prior (Ed.), *Learning and behaviour problems in Asperger syndrome* (pp.126-147). New York: Guilford Press.

Baron-Cohen, S., & Wheelwright, S. (1999) 'Obsessions' in children with autism or Asperger Syndrome: a content analysis in terms of core domains of cognition. *British Journal of Psychology*, 175, 484-490.

Bauminger, N. & Kasari, C. (2000) Loneliness and friendship in high-functioning children with autism. *Child Development, 71*, 447-456.

Bauminger, N. & Shulman, C.（2003）The development and maintenance of friendship in high-functioning children with autism: Maternal perceptions. *Autism, 7*, 81-97.

古荘純一ほか（2006）軽度発達障害児における小学生版 quality of life 尺度の検討. 脳と発達, 38, 183-186.

Groove, R. et al. (2016) The motivation for special interests in individual with autism and controls: Development and validation of the special interest motivation scale. *Autism Research, 9*, 677-688.

Groove, R. et al. (2018) Special interests and subjective wellbeing in autistic adults. *Autism Research, 11*, 766-775.

藤野 博（2013）学齢期の高機能自閉症スペクトラム障害児に対する社会性の支援に関する研究動向. 特殊教育学研究, 51, 63-72.

Jordan, C.J., & Caldwell-Harris, L. (2012) Understanding Differences in neurotypical and autism spectrum special interests through internet forums. *Intellectual and Developmental Disabilities, 50*, 391-402.

神尾陽子ほか（2013）未診断自閉症スペクトラム児者の精神医学的問題. 精神神經學雑誌, 115, 601-606.

Kamm, B-O. (2020) Role-Playing Games of Japan: Transcultural Dynamics and Orderings. London: Palgrave Macmillan.

加藤浩平・藤野 博（2016）TRPG は ASD 児の QOL を高めるか？東京学芸大学紀要 総合教育科学系, 67（2）, 215-221.

加藤浩平・藤野 博・糸井岳史・米田衆介（2012）高機能自閉症スペクトラム児の小集団におけるコミュニケーション支援：テーブルトークロールプレイングゲーム（TRPG）の有効性について. コミュニケーション障害学, 29, 9-17.

小嶋秀樹（2019）脳の認知粒度からみた自閉症とコミュニケーション. 野尻英一ほか（編著）〈自閉症学〉のすすめ：オーティズム・スタディーズの時代. ミネルヴァ書房, pp.263-282.

Komeda et al. (2015) Autistic empathy toward autistic others. *Social Cognitive and Affective Neuroscience, 10*, 145-152.

McConachie et al. (2018) Enhancing the validity of a quality of life measure for autistic people. *Journal of Autism and Developmental Disorders, 48*, 1596-1611.

森脇愛子・神尾陽子（2013）我が国の小・中学校通常学級に在籍する一般児童・生徒における自閉症的行動特性と合併精神症状との関連. 自閉症スペクトラム研究, 10, 11-17.

日戸由刈・萬木はるか・武部正明・本田秀夫（2010）アスペルガー症候群の学齢児に対する社会参加支援の新しい方略－共通の興味を媒介とした本人同士の仲間関係形成と親のサポート体制づくり. 精神医学, 52, 1049-1056.

ピアジェ, J.（1983）知能の誕生（谷村覚訳）. ミネルヴァ書房.

ヴィゴツキー, L. S. ほか（著）, 神谷栄司（訳）（1989）ごっこ遊びの世界：虚構場面の創造と乳幼児の発達. 法政出版.

Wong, C. et al. (2015) Evidence-based practices for children, youth, and young adults with autism spectrum disorder. *Journal of Autism and Developmental Disorders, 45*, 1951-1966.

第3章

成人期までを見据えた
余暇活動の居場所づくり・仲間づくり

野口和人

1 はじめに

　2020年12月末現在，「発達障害」「居場所」をキーワードとしてネット検索をかけると，200万件〜250万件がヒットする。ざっと目を通してみると，幼児・児童期から成人期にかけて，また民間から自治体まで，それこそ様々な居場所づくりの取り組みが行われていることがわかる。

2 「居場所」とは？

　そもそも「居場所」とは何だろうか？　辞書的な意味を確認してみると，『広辞苑 第七版』(2018) では「いどころ，いるところ」，『大辞林 第四版』(2019) では「人が居る所，いどころ」とされており，物理的・空間的な場所として定義されている。しかしながら，私たちが現在「居場所」と言う場合，物理的・空間的な場所にとどまらない意味を込めているように思われる。

　いくつかの辞典における定義を調べた中島・廣出・小長井 (2007) は，発行年2000年を境として，辞典における「居場所」の定義に違いが生じていることを見出している。すなわち，2000年以前に発行された辞典においては，すべて上述したような物理的・空間的な場所として定義されているが，2000年以降に発行された何編かの辞典においては，「落ち着ける場所」といった心理的な側面が加えられている（先に紹介した『広辞苑』や『大辞林』のように，その後，改訂が重ねられても，以前の版と同じ定義が示されているものもある）。

　では，なぜ2000年を境として違いが生じているのであろうか。

　上述の中島ら（2007）は，新聞記事に掲載された記事のうちで「居場所」をキーワードとしている記事数の推移を新聞データベース（朝日新聞オンライン記事データベース「聞蔵」）に基づいて整理している。その推移を見ると，1990年代後半に入ってから，「居場所」をキーワードとする記事が著しく増えていることがわかる。石本（2009）も同様の整理を，他の一般的な用語をキーワードとしている記事と比較しながら行っている。石本（2009）は，1985年から1989年の出現数を1とした場合の5年ごとの相対的比率（時期区分ごとの総記事数の違いを考慮したもの）を，「居場所」及び「居場所がない」という用語，及び「生活」，「病気」，「学校」，「心」などの10個の一般的用語について示している。その結果を見ると，一般的用語については比率が大きく変化することは認められない（概ね変化なしか，変化したとしても2倍には達しない）一方で，「居場所」及び「居場所がない」という用語については1990年代後半以降に相対的比率が著しく増大している（前者については1990年代後半に5倍，後者については1990年代後半に3倍，2000年代後半に概ね5倍となっている）ことがわかる。

　どうやら1990年代に入って，「居場所」に関わる何かが生じ，それが新聞に掲載される記事数に反映し，その後に辞典の定義にも影響を及ぼしたことが想定できそうである。この点に関し，上述した中島ら（2007）は，いじめや不登校など青少年に関わる社会的問題の発生件数との関係を確認しているが，それらの社会的問題の中で，不登校件数の推移が「居場所」に関する新聞記事数の推移と概ね一致していることを見出し，「登校拒否現象が『居場所』に関する記事の増加に影響を与えている」（中島ら，2007）ことを示唆している。実際のところ，それまでの不登校の増加を受けて，文部省（当時）の「学校不適応対策調査研究協力者会議」は，1992年に「登校拒否（不登校）問題について―児童生徒の『心の居場所』づくりを目指して」（文部省初等中等教育局，1992）と題する最終報告書を取りまとめており，新聞記事数の増加にはこのことの影響が大きいと考えられる（石本，2009）。この報告書では，学校が「児童生徒にとって自己の存在を実感できる精神的に安定できる場所」である「心の居場所」となることの重

要性を指摘している。このことが一つの契機となり，「居場所」は単に物理的・空間的場所にとどまらず，心理的な側面を備えるものとして捉えられるようになった。その後，その意味は拡大し，気持ちの落ち着く「場」を指すだけでなく，気持ちの落ち着く「時間」や「人間関係」などについても，「居場所」という用語が用いられるようになったと考えられる。

　その後，2004年に文部科学省が「子どもの居場所づくり新プラン」を国策として打ち出し，さらにそのうちの主要な施策である「地域子ども教室推進事業」が2007年に厚生労働省の施策と一体化して「放課後子どもプラン」となり，さらには2014年には「放課後子ども総合プラン」，2018年には「新・放課後子ども総合プラン」として施策が進められてきたこととも相まって，民間・自治体を問わず様々な取り組みが行われるようになり，対象や内容も多様化してきた。元々は不登校への対応から始まった取り組みが，様々なポピュレーションにとっても意義のあることと考えられ，様々な実践が取り組まれてきたのである。その結果，「1．はじめに」で述べたとおり，現在では類型化や整理を試みるにはあまりにも多くの実践が取り組まれており，その全容を俯瞰するのはもはやかなり難しい状況となっている。

4　改めて「居場所」とは

　そのような状況にあっても，西中（2014）の言うとおり，「居場所」の概念については「十分な共通理解がなされていない」とはいえ，「居場所とは，落ち着く・ほっとするといった『安心感』や，受け入れられているといった『被受容感』，役に立っている・必要とされているといった『役割感』や『自己有用感』，ありのままの自分でいられるといった『本来感』を感じられる対人関係のある場であると理解されつつある」（西中，2014）と考えて良いであろう。

　一方，「居場所」の分類に着目し，大きく2つに分類しうるとした石本（2009）の指摘も十分納得できるものである。石本（2009）は，分類に関するいくつかの言及を概観したうえで，一人でいる居場所（個人的居場所）と他者と一緒にいる居場所（社会的居場所）という分類に集約できるであろうことを示唆している。この分類に関し，石本（2009）は，「関係性が居場所の基底要素であるという立

場からすれば，関係性の存在しない個人的居場所はそもそも居場所ではない」（石本，2009）ことと，個人的居場所について否定的な影響が指摘されているとともに，個人的居場所と心理的適応との関連が確認されていないことを指摘したうえで，一人でいる場所を居場所と感じている人がいること，プライベート空間に関する研究では，一人で占有できる空間が緊張解消，課題集中，自己内省の効果があることが示唆されていることを考慮し，個人的居場所がもつ適応的な影響についての検討が必要であろうと述べている。

5 物理的・空間的場所と「関係性」

　だが，果たして個人的居場所と「関係性」は，石本（2009）の言うように，排他的関係にあるものなのだろうか。

　物理的・空間的場所であることは，社会的居場所であろうと個人的居場所であろうと違いはない。一方，「関係性」についてはどうであろうか。社会的居場所については，そもそも他者の存在を前提としている以上，何らかの「関係性」が存在することは疑いようがない。ただし，社会的居場所における「関係性」は，当該人物が日常的に関与している「関係性」とは異なり，そこに関与することで日常的に関与している他の「関係性」から離れることができる。不登校に関連して取り組まれてきた学校外の様々な居場所づくりの実践は，多分にこのような意味を有していると思われる（もちろん，文部省（当時）は，学校以外の場所に居場所をつくるということだけでなく，学校そのものが子どもたちにとっての居場所となるべきことを謳っている）。つまりは，日常的に関与している，なかなか上手くいかない「関係性」から一時的に離れ，西中（2014）の言うところの「安心感」や「被受容感」，「役割感」，「自己有用感」，「本来感」を感じられる対人関係のある場で本来の自分らしさを発揮できるなどの側面があろう。ただし，そのことにとどまらず，このような「関係性」に身を置くことで，あるいは，そのような場・関係性」を有していることが，なかなか上手くいかない「関係性」へ関与していく足がかりとなるという側面も有していると思われる。

　一方，個人的居場所についてはどうであろう。個人的居場所については，そもそも他者が存在しない場所であることから，まずはあらゆる「関係性」から距

離を置くという側面が想定される。これを現実世界からの逃避と見て，ネガティブな影響を考えれば，例えば「ひきこもり」といった状況につながることも想定しうる。一方，プライベート空間と考えれば，「関係性」から離れることで自分を取り戻す，緊張が解消される，等々のポジティブな側面を想定しうる。しかしながら，物理的・空間的場所としては他者の存在はないとしても，そこに「関係性」を持ち込むことは可能である。一つには，現在ではSNS等を通じて，リアルタイムでもオンデマンドでも，いつでも他者とつながることができる（もっとも，現在ではこのような「関係性」の有りようが，そこから逃れたいという状況を生み出してしまってもいる）。もう一つは，「関係性」自体は，物理的・空間的場所が異なろうが，いつでも存在しうるということである。つまり，誰かとつながっている感，ある「関係性」の中にいるという感覚はいつでもどこでも持ちうる。社会的居場所に関して「足がかり」と述べたことには，このことが関係しているのではないかと思われる。

　我々は，様々な他者との様々な関わり（「関係性」）のなかで日々生活している。同時に，居ることのできる様々な空間的・物理的場所も有している。両者の関係は，一対一に対応していると言うよりは，相互に複雑に入り組んだ様相を呈しているのではないだろうか。これまで「居場所」について，特定の物理的・空間的場所（そこにある「関係性」）が有する心理的機能に注目した検討がなされてきているが，その「関係性」が他の物理的・空間的場所（「関係性」）のなかでどのような機能を持ちうるのかに注目した（これは，ある人の生活全体を見据えるということでもある）検討が求められよう。

6 成人期までを見据えた「居場所」づくり

　さて，これまで述べてきたことは，物理的・空間的場所と「関係性」の関係を，時間軸上でいわば「横に」見た場合のことであった。一方，それらを「縦に」見た場合はどうであろうか。

　当たり前のことではあるが，成長発達の過程で人の生活空間，活動空間は拡大していく。それに伴い，その人が関与する人間関係も拡がりをもっていく。さらに，時間軸上で「横に」見た場合に生じていること，また成長していく過程で

いつかは特定の場，「関係性」から離れていくことがありうることを考慮すれば，我々は「関係性」が様々に，複雑に織りなす世界のなかにいると言ってもよいかもしれない。

　さて，いつかは特定の場から離れていくことが生じたとしても，そのような場自体が継続的に存在していれば，日常的にはそのような場から離れていたとしても，西中（2014）の言うところの「安心感」や「被受容感」，「役割感」，「本来感」をいつでも取り戻すことができる（「いつでも行ける」という感覚）。さらには，そのような感覚を育む「関係性」自体が継続しているのであれば，物理的・空間的な場が存在していないとしても，いつでも同様の感覚を得ることができるのかもしれない。

　著者は以前，「この場所があるだけで，僕はある意味，勝ち組ですから」と話した青年（ここでは仮にA君とする），また，「苦しいときがあったときは（私たちとの）楽しかったことを思い出すと，いつの間にか（その苦しいことを）忘れている」と話した青年（ここでは仮にB君とする）のことについて記した（野口，2016）。A君，B君ともに10年以上にわたる関わりを続けてきたが，当初は毎週のように筆者や学生，他の青年たちと顔を合わせる時間を有していた。しかしながら，時が経過するなかで，二人それぞれの生活との関係もあり，顔を直接合わせる機会はほとんどなくなっていった。それでも，A君の場合は，それまで関わってきた場自体は他の青年たちと一緒に継続していたこともあり，日常生活のなかで何かがある（高校での新しい生活が始まる）と彼はその場にフラッと顔を出し，その後しばらくの間，毎日のようにやってきてはひとしきり話をして帰って行くということが2週間ほど続いた。やがて何かをきっかけにしばらく足が途絶えるのだが，1年後（高校での新しい学年が始まってすぐの頃）にまた同様のことを繰り返していた。B君の場合は，そもそも定期的に顔を合わせる機会（場）を作っていたわけではなく，「今度○○をするからおいでよ」と声をかけては皆で集まっていた。B君が社会人になると，そのような機会を作ることも段々と難しくなっていった。そういった経過のなかでの二人の発言である。

　以上のことについて，著者（野口，2016）は「空間的・時間的な隔たりがあってもお互いを大切な存在だと思う，そのような関係を築いて」いったのであり，

「そういった関係をベースとして，彼らはそれぞれ自分たちの世界を拡大していっている」ように思えると書いた。成人期までを見据えた「居場所」づくりとは，特定の物理的・空間的場所において形作られる，西中（2014）の言う対人関係を，その場から空間的・時間的に離れても継続できるようにしていく取り組み，すなわち，「仲間」づくりの取り組みと言えるのではないだろうか。

【引用・参考文献】

石本雄真（2009）居場所概念の普及およびその研究と課題．神戸大学大学院人間発達環境学研究科研究紀要，3（1），93-100.

文部省初等中等教育局（1992）登校拒否（不登校）問題について－児童生徒の「心の居場所」づくりを目指して．学校不適応対策調査研究協力者会議最終報告.

中島喜代子・廣出円・小長井明美（2007）「居場所」概念の検討．三重大学教育学部研究紀要，第58巻，社会科学，77-97.

西中華子（2014）居場所づくりの現状と課題．神戸大学発達・臨床心理学研究，13，7-20.

野口和人（2016）余暇活動の中で育つ社会性とコミュニケーション．藤野博編著，発達障害のある子の社会性とコミュニケーションの支援，45-52，金子書房.

第4章

余暇活動が育む
「こころ」と「からだ」のバランス感覚

木谷秀勝

1 はじめに

　本章では，今回のテーマである余暇活動について，より有効な「実践」を生み出すための「理論的背景」を中心に筆者の臨床的視点を述べる。具体的には，「こころ」と「からだ」のバランス感覚に備わっている余暇活動を支えている機能について考えてみたい。

2 「こころ」と「からだ」の問題がなぜ大事なのか?

　最初に，発達障害のさまざまな特性と「こころ」と「からだ」のバランス感覚との関係性について，3つの視点から考えてみたい。

(1) ICFモデルでみる「健康」の視点

　WHOによるICFモデルでは，「健康な状態」の基盤にある「生活機能」として，①心身機能・身体構造，②活動，③参加の3つのレベルを重視している。この点を筆者なりに整理すると，自己実現に向けての心身の準備状態（「からだ」の機能）のうえに，能動性を維持しながら，種々の活動に意欲的に参加しようとする動機づけ（「こころ」の機能）が有機的に機能している状態が「健康な状態」だと考えている。つまり，「からだ」と「こころ」のバランス感覚が維持できている状態である。このバランス感覚のうえに立って，発達障害児者が能動的に（余暇活動を含めた）さまざまな活動に参加する機会を増やすことが重要な視点となる。

（2）女の子・女性の発達障害からの視点

　従来からの発達障害の概念は，男性の行動特徴が主な判断基準になっていたため，女の子・女性の発達障害の場合，実際の臨床像と診断基準との差異が生じていた。その後，女性特有の行動特徴の再検討が進む過程で，併存症である内在化障害として摂食障害や不安性障害の高さが明らかになってきた（川上・木谷，2019）。この視点の変化からわかるように，行動面で判断するだけでなく，その背景に潜在している「こころ」と「からだ」のバランスの問題にも理解を深めて，より有効な支援を考えることが重要な視点となる。

（3）不器用さからの視点

　その「からだ」の問題に関して，近年わが国でも発達性協調運動障害（DCD）が注目され始めた。DCDの場合，「視知覚・触覚・固有覚・位置覚などの感覚入力をまとめあげ，運動意図に基づき運動計画を生成，運動として出力し，それらの結果のフィードバックに基づき修正・学習を行う一連の脳機能」である協調運動が，適切に機能しないことから生じる学習（就労）状況や日常生活上の問題である（宮原，2017）。しかも，発達障害の約半数がDCDを併存しているが，臨床的にも見落とされている場合が少なくない。その結果，「からだ」の問題である運動の苦手さや疲れやすさが長期にわたる結果，自信の低下や不安の高さなどの「個人のQOLの著しい低下」として，「こころ」の問題につながっていくことを重視しなければならない。特に，思春期では「周囲からの承認支援」を受けながら「運動以外の領域で力を発揮すること」が自信や不安の予防につながることも，余暇活動に通じる重要な視点となる。

　この3つの視点からわかるように，一見「受け身的（おとなしい）」な特性をもっている発達障害児者の場合，（周囲には）見えない「こころ」の問題（不安など）が潜在したままの状態で，当事者も上手に「からだ」の感覚がキャッチできないアンバランスな感覚世界を生きていることが多い。しかも，生まれながらずっとその感覚世界で生きてきた結果，このアンバランスな感覚が，当事者にとっては「当たり前（不思議なバランス感覚）」と認識している場合も多い。と

ころが，こうした「こころ」と「からだ」のバランス感覚に気づく体験もまた余暇活動で育まれることがあるので，一見余暇活動に消極的（受け身的）な発達障害児者のほうが，こうした余暇活動が重要になることも理解できる。

3 バランスが取れている「こころ」と「からだ」の状態とは？

そこで，バランス感覚が取れている「こころ」と「からだ」とはどのような状態なのか，最近の脳科学の知見から明確にしたい。

(1)「こころ」と「からだ」のバランス感覚

脳科学では，定型発達は，脳のニューロン形成や機能が定型的（多数派）であることから，Neuro-Typical（NT）と呼ばれている。このNTを対象とした脳科学の知見として，近年注目されているのが，図4-1に示した成熟した脳機能であるスモールワールドネットワーク機能である。そのなかでも，特に，デフォルト・モード・ネットワーク（DMN）と呼ばれる，「ぼんやりとした時などに

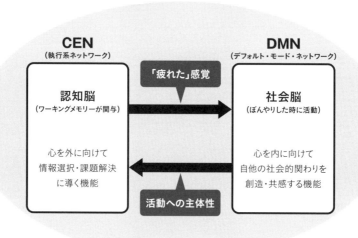

図4-1　スモールワールドネットワークとしての脳機能

活動」しながらも，創造性や共感性など社会脳との関連性が指摘されているネットワークが注目されている（虫明，2019）。

　このDMNを理解するために，対極にある執行系ネットワーク（CEN）について説明したい。CENは認知脳（主にワーキングメモリーが関与）とも呼ばれる外界からの情報を的確に情報選択しながら課題解決に導く重要な機能である。具体的には，われわれが日常曝され続けている外界のさまざまな刺激からわれわれを守ってくれるだけでなく，そこで獲得したノウハウを蓄積（保持・記憶）することにより，未知の事態への対処スキルを計画的・予測的に機能させる役割である。

　ところが，NTでも外界からの過剰な，あるいは新奇な刺激や情報に曝される状況が続くと，必然的にCENは機能ダウンしてしまう。それが「疲れた」感覚である。そこで「疲れた」感覚を身体的・認知的に的確にキャッチアップ（その場合は身体的フィードバック系が機能）することで，CENからDMNにスイッチが入れ替わり，脳機能を「デフォルト」（基本）に戻して，一時休止や情報整理を行いながら，脳のバランスを取り戻す機能を果たす。

　NTの場合には，脳機能自体が相互補完的に，CENが機能している場合にはDMNが休息して，逆にDMNが機能している場合にはCENが休息している。しかも，そのスイッチの切り替えのトリガーが「疲れた」感覚への気づきであり，その疲れを最小限にしながら省エネモードで日常生活を過ごしている。つまり，NTの場合，日常生活全体を通して自然な形で「脳の余暇状態」が維持されるようにシステム化されている。

　こうした脳のスモールワールドネットワーク機能を通して，改めて，「こころ」と「からだ」のバランス感覚を整理すると次のように言えるだろう。

①「こころ」自体は，外向（CEN）と内向（DMN）の両側面が有機的に補完する動的な均衡を維持しながら安定感を保っている。

②「からだ」自体は，「身体的フィードバック」による身体感覚の的確な「気づき」（たとえば，「疲れ」）を維持しながら安定感を保っている。

③こうしたダイナミクスを通して，「こころ」と「からだ」との有機的なバランス感覚が維持されるが，このバランス感覚を維持する重要なトリガー

は「疲れ」の感覚である。

（2）脳機能の視点から見た発達障害児者の「こころ」と「からだ」のバランスの問題

　以上の知見から，NTの場合は省エネだけでなく，「疲れ」の回復機能が迅速
かつダイナミクスに自動化していることがわかる。その一方，発達障害児者の
場合，次のような問題が顕著になりやすいと推測できる。

①「こころ」に関しては，CENに関わるワーキングメモリーの問題（不注
　意や計画性など），またDMNに関わる社会脳の問題（共感性や模倣など）
　を生来的に有するため，相互補完が十分に機能しない。
②女の子・女性の発達障害やDCDのように，身体感覚の過敏・鈍感さが
　あると，的確な「身体的修正フィードバック」自体が機能していない可
　能性が高く，結果的に「疲れ」への気づきに問題が生じやすくなる。
③その結果，的確に，しかもタイミングよく「疲れ」がキャッチアップさ
　れないために，疲れているにもかかわらず活動を続ける，突然「からだ」
　が動かなくなるなど，慢性的な心身の疲労状態に陥りやすい。しかも，
　この状態が長期化すると不安や抑うつなどの「こころ」の問題として精
　神症状を呈するリスクが高くなりやすい。

　以上の過程からも，「こころ」と「からだ」のバランス感覚を安定させること
が困難なだけでなく，回復させることにも支障が生じている（その状態に当事
者が気づいていない場合を含めて）と推測できる。

4 「こころ」と「からだ」のバランス感覚から見えてくる余暇活動の意義

　ちょっと理屈っぽい内容になったので，頭の中を整理するために，ちょっと
「ボーッとする」時間が欲しいところだと思うが，そうした時空間を保証する活
動も「余暇」だと考えていいだろう。筆者は，「余暇」の意味について次のよう
に考えている。「余」がもつイメージとしては「余韻」に近く，日常生活で目的

を達成したり，能動的に活動に参加できた「自分らしさの証」を「ゆるく振り返る」ための「こころ」の機能だと考えている。一方，「暇」がもつイメージとしては，「することがなくて，本当に暇」とぼやくことではなく，仕事や日常のノルマが一段落した後の，「ホッとしながら，心身の疲れを取る」ための「からだ」の機能だと考えている。

　この視点から，余暇活動について考えてみたい。別の言い方をすれば，余暇活動の意義を検討する場合，往々にして活動自体の分析やその効果測定が中心になっている。もちろん，こうしたアプローチも重要だが，測定された結果と，発達障害児者が実感している「こころ」と「からだ」のバランス感覚が，どのくらい一致しているか疑問に感じることが多い。その背景として，わが国の場合，余暇活動を含めて「がんばろう」とする志向性が高く，結果として余暇活動と言いながら，心身ともに燃え尽きてしまう活動も見られる。

　前節で述べたように，脳機能自体は日常生活全般を「ゆるく振り返り」ながら，一日の活動を「ホッとしながら，心身の疲れを取る」役割を担っている。同じように，われわれも余暇活動だけを「焦点化」するのではなく，発達障害児者の日常生活全般と余暇活動のバランス感覚を配慮する視点を持つことが重要になってくる。

5　筆者が関わる実践活動からの検討

　以上の視点を基盤に置きながら，筆者が関わった2つの余暇活動を紹介したい。

(1) 下関市イルカふれあい体験の実践から

　このイルカを介在しての地域支援活動（木谷ら，2016）では，基本に「主役は自閉症の子どもたち」と考えて活動を進めた。同時に，実際の活動時に大切にしたことは，「イルカと楽しく遊べた。もうちょっとイルカと遊びたい」状態で，自閉症児がイルカから一旦離れるようにしている。この理由は，次のプログラムまで待つ間に「遊べた喜び」をできるだけ長く実感してもらいながら，「もうちょっと遊びたい」という意欲や好奇心を次につなげることを意図したからで

ある。実際，この待つ間の自閉症児の姿（もちろん，専門スタッフが関わりながら）からは，「もっと楽しみたい」気持ちが伝わってくることが多い。

　また，この活動を一緒に見ている家族と帰宅後の家族団らんのゆったりした時間に，撮影したビデオや写真を見ながら，イルカとの楽しい時間を「振り返る」時間を共有できたことも有効であった。そのために，筆者は家族に対して「もっと頑張ってね」，「今日が最後だから，しっかりやるんだよ」といった叱咤激励はしないようにお願いをしていた。

（2）福岡市での「アスペガールの集い」の実践から

　この活動（木谷ら，2020）では，参加する青年期の女性ASDの大半が，開始時間に遅刻することが当たり前になってきた。もちろん，連絡は入れてもらっているが，それ以上にわれわれが大切にしていることは，焦りながら時間通りに来ることで失敗体験（忘れ物など）に結びつくよりも，「今日はどんなお化粧をしようかなあ」などと楽しい活動を意識しながら，自分のペースで活動に参加しようとする主体性である。そのため，最近の活動は，楽しく食べて，楽しくおしゃべりをすることだけで時間が終わることもある。

　それでも，筆者らは，「自分のペースで参加して，自宅に帰って，『ねえ，ねえ，お母さん，今日はね……』と笑顔で報告するまでが活動です」と参加者とその家族には伝えるようにしている。その結果，参加者自身が新たな可能性を発見して成長する姿を見ることができていることからも，こうした「ゆるい関係性」（木谷ら，2020）を保証する余暇活動の効果を感じている。

6 「あー疲れた，でも，なんか楽しかった」と表現できているだろうか？

　筆者は，今後の自助グループの活動に関して，「『期待されない』活動になること」の大切さを指摘した（木谷，2020）。先に述べたように，わが国では余暇活動を含めた自助グループでも「頑張る」ためのソーシャルスキルにこだわる傾向が強いように感じている。もっと，日常生活を含めて「力を抜いた」時間と空間（DMN）から生まれる「あー疲れた，でも，なんか楽しかった」感覚を大切にした活動ができないのだろうか。同じような視点から，玄田・荒木（2020）は

釜石市の復興に関して社会学的視点から次のように述べている。「人口が減っても，地域は簡単にはなくならない。だが，小ネタが尽きると，あっという間に地域は衰退する」(ルビは原著のまま)。この言葉を余暇活動に置き換えると次のように言える。「参加者が減っても，活動自体は簡単にはなくならない。だが，『こんなこともやってみたい夢や希望』が尽きると，あっという間に活動は衰退する」。つまり，余暇活動の主役は発達障害の当事者であり，けっして支援者ではない。その当事者が「こんなこともやってみたい夢や希望」が持てないくらい日常生活に追われている毎日と同様に「頑張る」だけの余暇活動では「あー疲れた，もう行きたくない」気持ちしか表現されないはずだ。

　先ほど引用した「小ネタ」という言葉には，これからの夢や希望だけでなく，ユーモア感覚も入っている。このユーモア感覚が生まれることも余暇の重要な機能ではないだろうか。日々の生活全体を余暇活動の視点から考えると，「あー疲れた，でも，なんか楽しかった」だけでなく，ユーモアを交えた「次はこんなこともしたいなあ」と想像する時空間を日常生活で保証することで，余暇活動が真に「こころ」と「からだ」のバランス感覚を育むのではないだろうか。

【引用・参考文献】

玄田有史・荒木一男 (2020) 危機対応と希望－小ネタが紡ぐ地域の未来．東大社研　中村尚史・玄田有史編：地域の危機・釜石の対応－多層化する構造．385-402．東京大学出版会．

川上ちひろ・木谷秀勝編著 (2019) 発達障害のある女の子・女性の支援－「自分らしく生きる」ための「からだ・こころ・関係性」のサポート．金子書房．

木谷秀勝・小田智佳・原田一孝・山口真理子 (2016) 自閉症スペクトラム障害の特性に応じた地域支援への今後の課題－「下関市いるかふれあい体験」から学んだこと．山口大学教育学部附属教育実践総合センター研究紀要，41, 55-62．

木谷秀勝 (2020) 自助グループ活動に寄せる期待．東條吉邦・藤野博監修：発達障害者の当事者活動・自助グループの「いま」と「これから」．74-81．金子書房．

木谷秀勝・岩男芙美・豊丹生啓子・土橋悠加・牛見明日香・飯田潤子 (2020) 青年期の女性ASDへの「自己理解」プログラムにおける変化-「カモフラージュ」から解放される居場所．山口大学教育学部附属教育実践総合センター研究紀要，50, 171-180．

宮原資英 (2017) 発達性協調運動障害-親と専門家のためのガイド．スペクトラム出版社．

虫明元 (2019) ブレインサイエンス・レクチャー8：前頭葉のしくみ-からだ・心・社会をつなぐネットワーク．共立出版．

第5章

ネットやデジタルゲームと上手につきあうために

吉川　徹

1　発達障害とICT

　現代の子どもたちにとって，ゲームやインターネット，スマートフォンなどは，常に身近にある，生活の一部といってよいものになってきている。特にこの予想もしなかった新型コロナウイルスがもたらした「新しい生活様式」の中で，ICT (Information Communication Technology：情報通信技術) の存在感はさらに大きなものになりつつある。

　いわゆる発達障害のある子どもたちにとって，ICTの存在は多数派の子どもと比べても大きなものとなっている。発達障害のある子どもたちは，良い意味でも，悪い意味でもICTからより大きな影響を受けることがある。この項では主な発達障害とICTとの関係を少し細かく確認していきたい。

(1) 自閉スペクトラム症 (ASD)

　自閉スペクトラム症 (ASD) の子どもたちは，人づきあいが行動のアクセルになったりブレーキになったりすることが少ない，あったとしても多数派の子どもに比べて効き目が弱いという特性を持っていると言われている (社会的動機づけ仮説)。もう一つの大きな特性は興味や関心の広がりにくさであるが，こうした彼らの特性はICTの利用とどのように関係するのだろうか。ASDのある子どもは，ネット上の人づきあい，トラブルが起こりやすいと言われる。彼らの人づきあいのトラブルはリアルの世界でも起こるのだが，同様にネット上のつきあいでもトラブルが起こることがよくみられる。

　ネット上の対人交流には今でも文字を使った，言語的なコミュニケーションが多く使われている。ASDのある子どもは非言語的なコミュニケーションは苦

手であるが，言語的なコミュニケーションは得意としている子どももいる。ネット上の文字を中心としたコミュニケーションは，相手の書き込みを見てから，ゆっくり考えて返事をすることもできるので，彼らにとってはリアルの世界よりハンディキャップの少ない対人交流である可能性もある。

さらに現代のネットの世界には，彼らの苦手な非言語的なコミュニケーションを助けてくれる絵文字やスタンプといった道具がある。マンガ的，定型的表現は実際の表情の変化などに比べると大げさで理解しやすいこともある。

また彼らは多数派の子どもたちがあまり興味を持たない分野に強い興味を持つことがある。学校の同級生とは共有できない，学校の図書室では欲しい情報が手に入らないようなマニアックな興味，関心を持ったとき，広いネットの世界には彼らと興味を共有する人が見つかり，彼らが求める情報がそこに見つかることがある。彼らの興味や関心をより深め，人づきあいにもつなげていける可能性がそこにあるのかもしれない。ASDのある青年ではSNSを使っていることが友人関係の質が高いことと関係があるという研究 (Schalkwyk et al., 2017) もあり，社交のためのツールとしても期待が持てる。

しかし，興味があることに没頭しすぎるという彼らの特性は，ネットやゲームの過度な使用にも結びつきやすくなる。ASDのある子どもは行動の切り替えが苦手であるとよく言われ，運動場で遊んでいるときに「おしまいにして教室に入りましょう」と言われても，すぐには止められず，なかなか部屋に戻れなかったり，時にはそれでかんしゃくをおこしてしまったりすることもある。

このような子どもはやはりネットやゲームを「おしまい」にすることも苦手である。そのために使う時間が長くなってしまったり約束を守れなかったりするといったことがしばしば起きるのだ。

（2）注意欠陥多動性症（ADHD）

注意欠陥多動性症（ADHD）の子どもたちの持つ特性の一つは注意を長く持続したり，必要な所に注意を行き渡らせたりすることの苦手さである。しかしICTとの付き合いを考えるときには不注意の問題よりもむしろ彼らが見せる過集中が問題となりやすい。ADHDの子どもは，好きなことには長時間集中できるので，ゲームをやっているときには声をかけられても全く気づかなかった

り，何時間も熱中してやりつづけてしまったりすることがある。

　一方で，ICTは彼らの不注意からくる失敗を減らしてくれることがある。カレンダーやアラーム，ToDoリストなどを上手く活用することで，生活がスムーズになり，また最近は忘れ物防止用の電子タグが普及し始めていて，大人のADHDのある人たちの生活の助けになっている。

　また彼らの持つもう一つの特性が，多動性・衝動性である。現在のインターネットの中は，あちこちに情報が散りばめられていて，リンクをクリックするととても面白い記事を読めたり，時にはつまらない文章を読まされたりもする。このような雑然とした環境は，実は多くのADHDの人にとってはかなり居心地がよいものであり，ひょっとすると彼らは多数派の人よりもネットを楽しめているのかもしれない。

　一方で彼らの衝動性は，ネットショッピングで無駄な買い物をしてしまったり，さらには出会い系のウェブサイトなどを使った危険な性的行動につながってしまったり，自分の性的な写真をよく知らない人に送ってしまったりといった厄介なできごとにもつながってしまうことがある。

（3）限局性学習症（SLD）

　限局性学習症（SLD）のある子どもたちは全般的な知的能力の発達には障害はないのだが，読むこと，書くこと，計算することなど，学習に関わる特定の領域にだけ困難がある。ICTの発展によって一番メリットを得られるのはこのSLDの子どもたちであるかもしれない。

　読むことが苦手な子どもも，文字の大きさや間隔，色，背景などを変える機能やテキスト読み上げ機能を使うことで，情報の入手が楽になることがある。

　また書くことが苦手な子どもにとっても，キーボードやフリック入力，音声入力を使えば，楽に文章を作ることができる。また漢字変換やスペルチェックの機能を使って，苦手な分野をカバーすることもできる。間違って書いてしまったものを楽に修正できることもICTを使った出力の大きな魅力である。

　計算や算数が苦手な子どもにとっては，スマホにもパソコンにも，ひょっとすると腕時計にも計算機が入っていて，いつでもすぐに使える状況はそのハンディキャップを軽減してくれる。足し算やかけ算の本質さえ理解していれば，実

際の計算は計算機に任せてしまうこともできる。しかし一方で、ICTの発達は処理しなければいけない情報量の飛躍的な増加にもつながっている。多くの分野で流通している情報の量は増えていて、それを読みこなさなければならないことが、SLDのある人の負担の増加になっていることもある。

(4) 余暇活動とICT

　児童精神科医の本田秀夫は書籍（鈴木・内海・清水，2018）の中で"徹底的に興味のある題材に関する会話で前景が占められるような対人関係の中で，AS（自閉症スペクトラム）の人たちは実に生き生きと活動し，自分の真の居場所を得たと感想を述べるのである"と書いているが，自分も全く同感である。この趣味のためにお金を稼ぎたい，このテーマについて話すためにサークルに参加したいと思えるような趣味の世界を確保しておくことは，自ら社会に参加する大人になるための，手堅い道筋となる。発達障害，なかでもASDのある子どもにとって，興味を持つことができたもの，好きになれたものはとても貴重な存在である。この趣味の世界の確立にICTは大きな役割を果たすことができる。
　海外の調査などを見ると多数派の人と比べてASDのある人の余暇活動の質が低いという研究（Stacey et al., 2019）や，ビデオゲームを趣味としている割合が高いという研究（Russell, Healy and Braithwaite, 2019）などもある。彼らにとって功罪ともに大きいネットやデジタルゲームをいかに上手く生活に組み込んでいくのかということが課題となる。

2 身につけておきたいこと

(1)「おしまい」の習慣

　「おしまい」が苦手なASDやADHDのある子どもにとって，活動を上手に終了することは，ネットやデジタルゲームを余暇活動に組み込んでいくときに必要なスキルである。活動の終了が上手くできない場合，使用時間が長くなりすぎてしまい生活に支障が出てくることもある。
　2022年に発効が予定されているICD-11で，ゲームの使用をコントロールす

ることが難しいなどの状態をゲーム症という名称で疾患として取り扱うことになっている。これを疾病と見なすことの得失については，まだまだ盛んに議論が行われているが，「おしまい」を身につけておくことの必要性は論を待たない。

　ネットやゲームはとても魅力的なもので，終了するのが難しかったり，それで気持ちが乱れてしまったりするのはある意味で当然のことである。そこで必要になるのが大人の援助であり，「おしまい」にすること自体と，乱れた気持ちを立て直すこと，両方の援助が必要になる。

　気分良く終了できる経験を積み重ねること，ゲームやネットを「おしまい」にするのはそれほど難しいことでも嫌なことでもないと学ぶことが，とても大切である。気分良く「おしまい」にできる状況を演出すること，例えばゲームの時間をおやつの前に設定すること，時間通りに終われたときに翌日使えるゲームの時間延長券を用意すること，次にいつ使えるかをはっきり示すことなどが約束を守る成功体験を積み重ねとなっていくのだ。自分が楽にゲームの時間をコントロールできるという経験が，将来の自律的な使用の基盤になるのである。

(2) 負けることに慣れる

　ASDやADHDのある子どもは，負けることで気持ちが大きく乱れてしまうことがある。これはリアルの勝負事でも起きるが，デジタルゲームでも問題になることがある。勝負の概念が理解できるようになってきたら，上手な負け方の練習に取り組んでおく価値はあるだろう。

(3) ネットとリアルの対人関係

　ネットの世界でのソーシャルスキルは，根っこの部分ではリアルの世界と大きく違うものではないが，コミュニケーションの相手が目の前にいない場合も多いこと，コミュニケーションの記録が残りやすいこと，同時に（不特定）多数の人がコミュニケーションに参加できることなど，いくつかネット特有の留意点がある。

　リアルの世界のいじめなどの問題がネットの世界に持ち込まれることもあり，逆にネットで知り合った人とリアルの世界であうことがトラブルのもとになることもある。ネットがあることを前提とした人づきあいのスキルを伝えていく

必要がある。

(4) 自分の情報を管理する

　ネットの世界では自分に関する情報を管理することが，安全につきあっていくための大事な課題になる。名前や住所，連絡先などの情報や，訪問したウェブサイトの履歴，通信販売などの買い物の履歴など，さまざまな情報が飛び交っており，こうした情報について何をオンライン上に登録するのか，どこまで公開するのかといったことに関して，機器やサービスの設定，使い方を工夫することである程度のコントロールが可能である。これも大人に手伝ってもらいながら学んでいくのがよいだろう。

(5) 目に見えないお金を使う

　ネットの世界でも金銭の取引がおこなわれることが日常的となっている。ネット上の金銭はリアルに比べると抽象的で，一部の発達障害のある子どもにとっては扱いづらいものである。しかし今後の金銭の使い方はどんどんと電子マネーなどの使用が増えていくものと考えるべきであろう。がっちりと大人に守られた形から始めて，プリペイド式の電子マネーを使ってみたり，いずれはクレジットカードの使い方なども学んでいったりできるとよい。

　またごく一部の子どもはネットの世界で金銭を稼ぐことも始めている。ポイントサイトやネットせどり，ゲームに関連するリアルマネートレードや，場合によってはネットは援助交際の入り口などにもなりうる。お金を使うことにも稼ぐことにも気を配っておく必要がある。

(6) リアルの世界の余暇活動

　使い過ぎの問題も負けることの問題も，リアルの世界に楽しめる余暇活動が少ないと，問題はより大きくなりやすい。大人の余計なお節介かもしれないが，リアルの世界を彼らにとって大事な場所にしていくことは，結果としてネットやデジタルゲームに関する様々な問題を和らげてくれる可能性がある。

3 ICTリテラシーの獲得のために

（1）子どもと大人のリテラシー

　結局，大切なことは，発達障害のある子どもにICTとの付き合い方を，手遅れにならないように，先回りして積極的に教えていくことなのだろう。最近，ICTリテラシーという言葉がよく使われるようになってきているが，自分はよく①使えるリテラシー，②使いすぎないリテラシー，③安全に使うリテラシーの3つにわけて考えてみることを提案している（吉川，2021）。大人に手取り足取り手伝ってもらいながら，ネットでの安全なコミュニケーションの方法や，ネット上での金銭との付き合い方を学んでいくプロセスは，将来を見据えた子育てに必要な要素である。そしてこれは年齢が大きくなった子どもには教えにくいことでもある。

　そして子どもにICTリテラシー教育をするための前提となるのは，大人のICTリテラシーである。知らないことは教えられないので，子どもに教える前にまず大人が学んでおくことが必要となる。ただ全ての大人がICTに詳しくなることは難しいので，どこに詳しい人がいるのか，誰が教えてくれるのかを知っておくことが目標になる場合もある。

　児童精神科医の関正樹は「自分のお子さんのプレイしているゲームのよいところを，たちどころに3つくらい言えるようになっているとよい」と提案している（関，2020）。子どもがどんなことに魅力を感じているかを知っておくのも，大人にとってのICTリテラシーの一部であるともいえるだろう。子どもがどんなICTの世界で暮らしているのか，これから暮らしていくことになるのかを大人がよく知っておくことが，求められる時代になっている。

（2）ネットとゲームをめぐる約束

　ICTはあまりにも魅力的すぎて，できることも多すぎて，そもそも子どもが安全に使えるものではない。しかし彼らが大人になる10年，20年，30年先の生活を想像すると，生活の中でICTが現在よりも大きな役割を果たしているであろうことは想像に難くない。それは子どもが安全に使えるわけがないのに，大

人になるまでに付き合い方を覚えておかないといけないものなのである。これは性の問題とも類似している。性の世界も余りにも危険に満ちていて子どもが安全に近づけるような生やさしいものではないのに、大人になるまでに知識と付き合い方を学んでおかなければならないのだ。いずれにしてもこれらについては計画的に接近していくことが望ましい。思春期を迎える前に準備が必要だという点で、両者には多くの類似点があると言えよう。

ICTは使い始めが大事である。もっと言えば使い始める前が大事である。子どもが欲しいと言い出した時に、時間をかけた話し合いをして、子どもが守ることができる約束、言い換えれば大人が守らせることができる見込みがある約束を設定することが重要な目標となる。なぜならICTは魅力的すぎるので、子どもが独力で約束を守ることは期待しがたいからである。

大人にしっかり手伝ってもらって、約束を守れた経験を繰り返すことが、将来の自律的なICTの利用につながっていく。発達障害のある子どもの場合、特に必要になるのは「おしまい」の援助である。

そして重要なのは、子どもの成長にしたがって、厳しい制限から緩い制限に、約束を移行させていくことであろう。これはICTとの付き合い方に限らず子育ての大原則ともいえることであるが、特にこの領域では重要となる。子どもが成長してくると、その熱意と可処分時間の潤沢さのために、簡単に大人よりもICTに詳しくなる。そして腕力でも大人と拮抗してくるので、子どもの意志を越えて約束を守らせることはほぼ不可能となる。そのときには子どもが納得できるところ、守れるところまで約束を後退させる必要があり、その頃までに自律的に使うための準備をしておくことが求められる。守られていないルールがあるのは、ルールがないよりも悪い状態と考えるべきである。子どもがルールを守っていないことを大人が知っていて、それでも守らせる働きかけをしていない、働きかけをしていても守らせることができていないという状況は、子どもと大人との約束、そのものの価値を損う結果につながる。

(3) ICTの使用開始時期

ICTをいつから使わせるのがよいのかということについては、専門家の間でもまだまだ論争がある。早く使わせることにリスクがあるという主張もあるが、

そうではないとする研究結果もみられる。ただ一つ自分から言えることは，大人がしっかり手伝わせてもらえる時期から，気分良く「おしまい」にすることを演出できる時期から始めておく方が手堅いのではないか，ということだ。残念ながら現時点でこれに充分な学術的な根拠はない。ただ小学校高学年や中学生以降に，はじめてICT機器を使うようになった場合，約束を守らせたり，終了を手伝ったりすることはそれほど簡単ではない。

またコミュニケーションに対する援助も子どもの年齢が高くなってくるとプライバシーの観点から大人が介入することが難しくなる。最初は親がすべてやりとりを確認するというところからはじめ，年齢が高くなってきたら通信の秘密をより尊重していくのがよい。ネットで交流する相手も，最初は厳密に制限し，成長とともにそれを拡大していくことが必要となる。

（4）相談してもらえる大人を目指す

現代と未来の生活を考えるとICTの世界はあまりにも広く，しかも広がり続け，変わり続けている。ICTに関して必要なことをすべて教えるなどということはそもそも不可能である。大人が教えることができるのは，ICTに対する基本的な態度だけと考えておくべきかもしれない。

そして目標となるのは，ICTに関連してなにか問題が起きたとき，起きそうだと感じたときに，身近な大人に相談したいと子どもに思ってもらうことである。ICTを嫌っている，隙あらば取り上げようとしている，ICTに関する知識も経験もないという大人には，子どもはまず相談を持ちかけてこないだろう。

約束を巡って話し合いを重ねたり，一緒に機器の設定をしたり，コミュニケーション上の気がかりの相談に乗ったりということを積み重ねながら，ICTに関して頼りになる大人が身近にいると子どもに感じてもらいたいところである。

【引用・参考文献】

Russell, S., Healy, S. and Braithwaite, R. E. (2019) "Hobby preferences and physical activity participation among children with and without autism spectrum disorder," *European Journal of Adapted Physical Activity*, 11(2). doi: 10.5507/euj.2018.008.

Schalkwyk, G. I. van et al. (2017) "Social Media Use, Friendship Quality, and the Moderating Role of Anxiety in Adolescents with Autism Spectrum Disorder," *Journal of Autism and Developmental Disorders*, 47(9), pp. 2805–2813. doi: 10.1007/s10803-017-3201-6.

関正樹 (2020) 子どもたちはゲームやインターネットの世界で何をしているんだろう？. （特集：子どもたちのためにこれからできること）金子書房 note. https://www.note.kanekoshobo.co.jp/n/n225b24a4679a（2021年6月30日最終閲覧）

Stacey, T.-L. et al. (2019) "Leisure participation and satisfaction in autistic adults and neurotypical adults," *Autism*, 23(4), pp. 993–1004. doi: 10.1177/1362361318791275.

鈴木國文・内海健・清水光恵（編）(2018) 発達障害の精神病理 I. 星和書店.

吉川徹 (2021) 子どものこころの発達を知るシリーズ10 ゲーム・ネットの世界から離れられない子どもたち：子どもが社会から孤立しないために. 合同出版.

第6章

発達障害のある思春期の子どもたちの放課後活動
——放課後等デイサービス「ソラアル」での実践

河髙康子

1 はじめに

　筆者が取締役を務める「ソラアル」は，2015年の開業より放課後等デイサービス（以下，放デイ）として東京都より認可をうけ，発達障害のある子どもたちへ，感覚統合療法による療育や造形活動などを提供してきた。

　開業当初は，思春期になると大半の子どもたちは受験や塾などに忙しくなり，学齢期以降の利用希望は少ないと考えていた。しかし実際は，学校や家庭と少し距離をおき，自分の興味がある活動をしたり，親以外の大人や仲間に相談したりできる場所（サードプレイス）として中学入学後も利用を希望するケースが多く，現在は2〜18歳までの幅広い年齢層の子どもたちが通う場となっている。2019年には，従来の教室「ソラアルSSE」のほかに，発達障害のある思春期の子どもたちを中心とした放課後の居場所・不登校の子も対象にした支援の場として，第2教室「ソラアルPIA」を開所した。

　思春期になると知的に障害のない発達障害のある子どもたちの多くが放デイなどの場で支援を受けることを躊躇する。そのためソラアルでは，さまざまな余暇活動を通して本人に必要な支援を考え，試行錯誤しながら支援を受けることの成功体験を積み重ねる機会を提供している。

2 自分の「疲れ」や「心地良さ」を知ることのできる場所

　「ソラアルSSE」では，主に運動療育や造形課題などを通じて，身体・手先・感情コントロールなど基礎情緒・身体発育の向上を目的とした活動をしている。また「ソラアルPIA」でも，感覚過敏などの環境不適応のある子たちが落ち着

いた時間を過ごすための配慮を行なっている。

　発達障害のある子どもたちにとって，自分の心身の特性を知ることは非常に大切だ。たとえば，過集中という状態は長所である一方で，空腹感や疲労感に気がつきにくい（感覚の鈍麻さがあるから集中が続く）。自分の部屋にいながら疲労と空腹で起き上がれなくなったある学生は「家のなかで遭難しちゃった」と筆者に語った。そんな一般的には考えにくい出来事は自分だけだ，と思っていたそうだが，同じソラアルに通う高校生の「私も夕食時には疲れ果て，お腹はすいているのに食事がおわるまで噛みつづけることができず，空腹のまま寝てしまう」という言葉を聞いて，自分だけではないと気づいたという。このようにソラアルでは「疲労」など体の感覚にまつわる体験談が次々と飛び出す。利用者はそれを聞くことで「困っている」自分自身に気づく。ソラアルでの仲間とのおしゃべりは，自分を知るきっかけとなる大切な余暇活動のひとつだ。

　また，空腹感や疲労感に気がつきにくいのと同時に，日々の体調を整えることにも苦労している子は多い。気圧の変化をはじめ気象の影響を強く受けることに加え，過集中や感覚過敏による重い疲労はあるのに，入眠まで時間がかかってしまう。翌朝は「今日は動けるだろうか」「頭痛はひどくないだろうか」と少しずつ息を吸い，電源を入れたばかりの機械のように，身体の部分に感覚のチューニングを合わせて恐る恐る身体を起こす……そんな日々を過ごす子どもたちは少なくない。「すっきり目覚めることは1年のうちに数回」「快調な日がいつだったか分からない」という子どもたちが毎日の生活を心地よく過ごすにはまず「自分の身体が心地良い状態を知る」ことが大切と思っている。

　ソラアルでは，発達支援や親子間のコミュニケーションツールの一つに貢献できる可能性を考えて，補完代替医療としてのアロマテラピーを以前より導入している。看護師資格をもつアロマセラピストが，音や光の過敏に配慮した落ち着いた環境でアロマテラピープログラムを実施している。思春期の子どもたちに対してもプログラムを実施しているが，リラックスの効果だけではなく疲れの度合いを自覚したり，どういった状態が自分にとって心地良いかを知ったりする手助けになっているようだ。

　発達障害のある子どもたちは，思春期の身体的特徴である急激な成長，第二次性徴のみならず，発達障害の特性である過敏さ・緊張・感覚鈍麻からくる易

疲労状態などを抱える。さらに心理的には自立と依存のはざまにありながら自信のもちにくい状態が続く。成長発達の時期にアロマテラピーに触れることが，自分の体の疲労に気づき，さまざまな感覚が統合して，自己の状態が認知され自分を受け止めることにつながっている。

3 ソラアルの活動内容

　以下では，ソラアルが思春期のある子どもたちにも実施しているいくつかのプログラムについて，事例なども交えつつ紹介する。

（1）運動プログラム

　現在，ソラアルでは中高生を中心に月2～3回，区立のクライミングセンターへ通いボルタリングを行なっている（図6-1）。ボルタリングをただ体験するだけではなく，登っているところをお互いに撮影し，自分がイメージする身体の動きと実際の動きとの差を修正し，繰り返し練習することで，楽しみながら体幹やボディイメージが整ってくる。

　ソラアルに通う「体育嫌い」な子どもたちの理由は実に様々だ。汗をかくとシャツが貼り付き背中がゾワゾワして気分が悪くなる，学校のグランドは地面に光が反射して眩しく目や頭が痛くなる，などなど。そんな子どもたちも，空調や照明の設備の整った屋内施設での活動では，生き生きと活動に参加している。環境によって運動が楽しめると知るだけでも大切なことだと思う。

●高校生男子・Aさんのケース

　失敗への恐怖などから学校での体育に苦手意識をもつ自閉スペクトラム症のAさん。体幹も弱く日常生活でも疲れやすさを頻繁に訴えていたことから，療育者の誘いで，半年前よりボルダリングに参加するようになった。最初は少し離れた所から見学しているだけだったが，自分のペースでできることがわかると，少しずつ登り始めた。ホールドをつかめずに落ちるなど失敗をしても，仲間からは「ナイスチャレンジ！」と声がかかる。ゆっくりと彼の失敗することへの不安は払拭していった。

また，仲間と一緒に自分が登る姿の動画を見ながらイメージトレーニングをし，コツをつかむようになると，運動する楽しさや爽快感を感じるようにもなっていった。その後，アルバイトをして貯めたお金でマイシューズを購入し，一人で地域にあるボルダリングジムにも通い始めた。今はジムで出会う人たちにアドバイスを受けて，メキメキ上達している。「最初は年下の子が自分より上手だったらプライドが傷つくし，やめておこうと思った。でも今はやってよかったと思う」と語る。なお，体幹が整ったことで，歩くときに身体が左右に揺れなくなり，歩いた後で車酔いのようにクラクラすることもなくなった。

（2）造形・美術プログラム

造形・美術プログラムは，ともするとマイナス要素として受け取られやすい「こだわり」や「過集中」といった特性がポジティブな方向に発揮される活動だ。子どもたちの「こだわり」が生み出すものの素晴らしさを知っている現役の絵画

図6-1　運動プログラム（ボルタリング）の様子

アーティストが講師を務めている。造形活動を通して，過集中に振り回されるのではなく，過集中を自分の長所として発揮できた経験は，子どもたちに大きな自信をもたらしている（図6-2）。

　全年齢を対象にしているプログラムだが，思春期になって支援をスタートした子どもたちにも実施している。中には「こだわり」による切り替えの困難が積み重なり，学習や日常生活に顕在化しているケースもある。また，低年齢の時期と同じことを繰り返すだけでは，活動への意味を見出すことができず，支援の継続が困難となる可能性も出てくる。

　そこで，思春期の子どもたちとは，異年齢の「チーム」で１つの作品を創り上げる活動をしている。そして，活動の「おわり」には作品を壊して片づける。「おわり」までを包括した流れのワークショップだ。ただ参加するだけではなく，その後に子どもたちや職員と振り返りをし，さまざまな感情を共有する時間も作っている。

図6-2　造形・美術プログラムの様子（写真は卒所生による油絵）

　また，一度作業を始めると一気に完成させたいと強く思う子も多い。その時は「『納得いく作品を完成させたい』のか，それとも『終わらせたいだけ』なのか」を促す。衝動性を一度落ち着けて考え，場合によっては1週間後にまた創作を再開するようにもする。

　最初は1日1時間程度で終わる作品，次は小さいものを複数作って組み合わせる作品，さらに何日かに分けてできる作品と，ステップアップしていく。作品の「完成」には，「こだわり」との折り合いが必要だ。最終的には作者である子ども自身が完成を決められることを目指している。

　なお，子どもたちの中には，豊かな色彩感覚をもっている子も多い。おそらく視覚過敏により世界が鮮やかに，精緻に見えているのだろう。支援後の会議の場で，造形の講師から「こればかりは努力ではどうにもならない，羨ましくも妬ましいですね(笑)」というコメントをもらうほどだ。しかし，その力を発揮するために自分の感情や体調の管理が必要であることを，造形活動を通して自覚していくことも大切だと思っている。

●中学3年生男子・Bさんのケース

　周囲と自分を比較して，勉強や運動に自信がなかったBさんは，独特の色彩感覚を持ち，発想も豊かだったが，本人はそれにあまり気づいていなかった。また多動もあり，ソラアルに通い始めた小学3年生のころは，15分座っているのがやっとだった。

　そんなBさんだったが，造形・美術プログラムを始めて徐々に座っていられる時間が長くなり，中学3年生のときに，自分でも満足のいく，魅力的に描けた絵を展覧会に出したところ入賞した。本人は社会的評価を得られたことで自信をもち，今では「生涯，絵を描いていきたい」と話している。長く続けたいと思える好きなものに気づくことは，人生をより豊かにすることにつながる。

（3）アナログゲーム

　現在，ソラアルでは小さなゲームも含めると約80種類のアナログゲームをそろえている。普段，中高生の利用者は同年代の仲間と一緒にアナログゲームをしているが，月1回の土曜日は「造形とアナログゲームの日」として，何人かに

ゲームのファシリテーター（進行役）などを担当してもらい，小学生の子どもたちと一緒に「真剣勝負」をする日を作っている。時折，18歳を過ぎて卒所した子も来所して小学生たちと一緒にゲームを遊んでくれる。アナログゲームを通じて対人関係や想像力の面で成長していく子たちも多く，ゲームを遊んでいる姿を見ながら，子どもたちの発想の豊かさと柔軟さに驚かされている。

●高校2年生男子・Cさんのケース

　理論的かつ合理的な性格から，周囲と馴染めず，好まざるとも「孤高の人」となっていたCさん。ゲームが得意だったが，勝敗へのこだわりが強く，また本人は良かれと思って，負けた相手に勝つためのコツを伝授しようとしても自慢と受け取られてしまうこともあった。

　仲間との関係性を育めるようにと，療育者は彼に年少の子どもたちにゲームを教えるサポーターの役目をお願いしたところ，年少の子どもたちだけでなく同年代の子どもたちからも尊敬を集めるようになった。

　あるとき，同年代とチームになって目的を達成するゲームを，Cさんが中心となって進めたところ，負けてしまったことがあった。それをきっかけに，その後同様のゲームを行うときはCさんだけでなく皆が意見を言うようになったが，Cさん自身も周囲の意見を受け入れられるようになっていた。

4 卒所後も続くソラアルの輪

　ソラアルは放デイの制度上，18歳までの児童・生徒を支援対象としているが，卒所後も大学などへ進学した子たちが支援者としてアルバイトに来てくれているケースがある。現在アルバイトとして来てくれている大学生の支援者たちは，幼い頃の自分と同じような困難さを抱える子どもたちに対してどのような支援が必要かを考えてくれ，支援者側が思いもよらない視点からのアイデアを次々と出してきてくれる。

　また同時に，ソラアルに通いながらも学校や社会での中に居場所が見つからず不安を抱えて続けている思春期の子どもたちにとって，卒所後も「先輩」のような存在としてソラアルに来ている彼らの存在は，今抱えている不安や苦しみ

が終わることを示してくれる。彼らの存在は，子どもたちはもちろん，その保護者も，支援者たちも未来に光を見せてくれるホッとできる存在だ。

5 おわりに

　2019年10月25日に文部科学省より発表された「不登校児童生徒への支援の在り方について（通知）」には「不登校児童生徒への支援は学校に登校するという結果のみを目標にするのではなく，児童生徒が自らの進路を主体的に捉えて，社会的に自立を目指す必要があること。また児童生徒によっては，不登校の時期が休養や自分を見つめ直す等の積極的な意味を持つことがある一方で，学業の遅れや進路選択上の不利益や社会的自立へのリスクが存在することに留意すること」とある。

　発達障害のある子どもたちが不登校になったり，人と関わることが億劫になったりしたとき，文部科学省のいう勉強や生活について，保護者や周囲の大人たちが少し助けながら整えられるかもしれない。しかし，友だちや仲間の代わりになったり，仲間を作ったりすることはできない。

　ソラアルは，発達障害のある子どもたちが「仲間」をつくる一歩を踏み出せるように交流したり，余暇活動を楽しんだりする手助けをしつつ，子どもたちを見守る場所であり続けたい，と考えている。

【引用・参考文献】

ソラアル ホームページ http://solarsse.co.jp/

第7章

発達障害のある子ども・若者の余暇活動支援の実際

1 余暇支援ツールとしてのアナログゲームの可能性
——就労移行支援施設での事例

松本太一

1 はじめに

アナログゲームとは，カードゲームやボードゲームなどのコンピューターを使わないゲームのことである。将棋や囲碁，トランプなどが一般に広く知られているが，その他に市場に出回っているだけでも2000種類以上のアナログゲームが存在すると言われている。

私は5年ほど前から，これらのゲームを使って主に発達障害のある子どものコミュニケーション力を育てる「アナログゲーム療育」を提唱し，現場での実践と支援者向けの研修を行っている。実践のフィールドは幼児向けの児童発達支援施設から学齢期の放課後等デイサービス，成人向けの就労移行支援施設まで幅広い。

本稿では余暇支援の観点を踏まえつつ，成人期支援におけるアナログゲームの活用を紹介する。ただし，今回紹介する事例は，就労移行支援施設において，就労訓練の一環として行われたものであり，余暇活動そのものではない。とはいえ，支援の目的は人と関わることへの意欲や安心感を育むことにあり，そこで用いるゲームの選び方や支援ノウハウは，直接余暇活動としてアナログゲームを用いる場合にも適用できる。

2 人と関わる自信を回復したＤさんのケース

　24歳のＤさんは，自閉症スペクトラム障害（ASD）の診断があり，大学を卒業後，就労移行支援施設に通所している。

　この施設では，活動の一環として，利用者がゲームを楽しむことに加えて，利用者同士でグループを作り独自のゲームを創作するなど，アナログゲームを積極的に取り入れている。私は隔週でこの施設に訪れ，４〜５人の利用者の方にゲームをプレイしてもらっている。１回につき２時間ほどのセッションの中で３〜４種類くらいのゲームをプレイする。

　セッションに先立ち，Ｄさんを担当する支援員より「人との関わりに不安が強いので，ゲームを通じて人と関わることに自信をつけて欲しい」との話があった。

　初めてのセッションの日，ゲームが始まると，Ｄさんは自分で席に座ろうとしない。支援員が参加を促すと「やらない。見てる。」と答え，表情も硬くなっている。私はそれ以上無理に参加を促すべきではないと考え，「最初はそこで見学してみましょう」と近くにあった椅子に案内した。

　ここで選択したのは「バウンス・オフ！（マテル）」というゲームである。

　このゲームでは，プレイヤーは２つのチームに分かれ，枠の中に交互にボールを投げ込んでいく。ボールを「３つ横に並べる」「４つで四角を作る」といった

図7-1-1　バウンス・オフ！

具合に，予め提示された形を先に作ったチームが勝利する。

　ボールを投げ入れる際，枠の手前でワンバウンドさせる必要がある。最初は思ったようにボールが入らないが，何度も投げているうちだんだん力加減がわかり，狙い通りの場所にボールが入れられるようになる。どこに入るかわからないドキドキ感や，だんだん上達する達成感が楽しめるゲームである。

　「バウンス・オフ！」を選択したのは，ゲームに参加しようとしないDさんを考えてのことだ。こうした場合，支援者が無理に参加を促すと，本人の中で誘った人やゲームの場への恐怖感が募り，場合によってはパニックを起こしてしまう場合がある。

　そこで，「バウンス・オフ！」のように，

・見た目に興味を惹きやすい

・ルールが分かりやすい

・短時間で終わる

といった条件を備えたゲームを用意する。そして，他の人がプレイしているところを見てもらい，2回目以降のプレイで改めて参加を促す。この時，本人の中では，他の人が楽しんでいるのを目にして「やってみたい」という気持ちが生まれている可能性が高く，さらに自分がそのゲームの中で何を行うのかどうしたら勝ち（負け）なのか見通しがついているので，不安感が薄れ参加につながりやすい。

3 Dさんが見せた大きな変化

　「バウンス・オフ！」は大変盛り上がるゲームである。このときも「あそこに入れれば勝ちだよ！」「残念！もう一個横の列に入っていればよかったのに」と参加者から歓声が挙がった。プレイに参加しなかったDさんだったが，見学席からこうした様子を興味深そうに見ている。

　1回戦が終わり，2回戦が始まる時，私は改めて「Dさんもやってみませんか」とボールを手渡してみた。Dさんは相変わらず表情が硬く，言葉も発さな

いままだが，ボールを受け取った。そして自分の番が来るとボールを投げ，ゲームに参加することができた。投げるごとに力加減が分かり，段々思い通りにボールを入れられることができるようになっていったＤさん。狙った場所にボールが入った時は小さく「やった」という声が出るなど，達成感を感じている様子が窺えた。

　その後も見た目に分かりやすく興味を引きやすいゲームを中心に３種類ほど遊んだが，Ｄさんはいずれもプレイし，２時間のセッションを終えた。

　Ｄさんを含むメンバーとのセッションはその後約半年間，回数にして12回ほど続いたが，彼は全ての回に出席した。

　セッションを重ね参加者がゲームに慣れるにつれ，ゲームのレベルも上がり，複雑な交渉や計画を伴うものに変化していく。その中でわかってきたのは，Ｄさんが，難しいゲームのルールを素早く理解し，より勝利につながる手を導き出す鋭い感性を持っていたことだ。そのため，他のメンバー以上にゲームの勝率が高く，勝った時は「俺，考えるのは得意なんだ」と自信を深めている様子が見えた。

　回数を経るにつれ，Ｄさんには自然な発話や笑顔が見られるようになり，その変化の大きさは担当職員が驚くほどであった。

　また，Ｄさんはこのセッションへの参加がきっかけでアナログゲームに興味を持ち，オリジナルゲームを創作するチームに加わり，ゲーム作りにも携わることになった。

　セッションが終了してから数ヶ月後，嬉しい報告を聞くことができた。Ｄさんたちが作ったゲームが完成し，それを「ゲームマーケット」というアマチュアのゲーム制作者たちが自作を販売する全国的なイベントで販売することとなった。イベント当日，Ｄさんは自ら販売の現場にたち，訪れた人たちに自分たちの作ったゲームの面白さを説明していたという。「アナログゲームと出会った頃のふさぎ込んだ様子からすると考えられないような大きな変化です」との支援員のコメントが添えられてあった。

4 安心して参加できる場づくり

　Dさんのように，他者と関わったり同じ場面を共有することに対する不安感を示していた人が，アナログゲームを通じて，人と関わる自信を回復し，ひいては実社会とつながりを持ったケースは，小学生から大人まで数多く目にしてきた。アナログゲームの持つ「ちょっとやってみようかな」と思わせる魅力，人と人をつなげる力の大きさを日々感じている。

　しかし，こうした人たちがなぜ他者との関わりに不安感を抱いているかといえば，過去の経験の中で，まさにゲームのようなルールを伴う遊びやスポーツの中で，仲間外れにされたり，勝負に負けてばかりで馬鹿にされてしまうなどの失敗体験があったから，という場合が多い。したがって，ゲームだけ用意するだけでは，参加を拒まれたり，同じような失敗経験を繰り返させることになってしまいかねない。そうならないためにも，適切なゲーム選びやメンバー選び，環境設定，そして支援者の適切な介入が必要となる。

　以下，Dさんのケースを振り返りながら支援のポイントを解説する。

5 ゲームの選び方

　アナログゲームは，一般に老若男女幅広く楽しめるレクリエーションとして認識されているが，馴染みのない人にとっては，未知の体験であり，また優劣がハッキリ付けられるという点で怖いものでもあることを認識しておく必要がある。

　本稿で紹介するアナログゲームは，多くの人にとって初めてプレイするものである。特にDさんのようにASDがある人の場合，見通しのつかないことに対する不安から，未知のゲームをプレイすることに躊躇することがある。こうした場合は無理に参加を促すことは望ましくない。

　先述のように，

・見た目に興味を惹きやすい

・ルールが分かりやすい

> ・短時間で終わる

　という条件を備えたゲームを設定し，まずは見学を通じてゲームに対する見通しを立ててもらってから改めて参加を促す。先に紹介した「バウンス・オフ！」以外に，こうした場面に適したゲームを紹介する。

●キャプテン・リノ（ハバ）

　プレイヤーが手持ちのカードを1枚ずつ置いていき，タワーを作り上げる。タワーが崩れたとき，崩してしまった人は負けとなり，手持ちのカードが最も少なかった人が勝者となる。ゲーム後半になると1m以上の高いタワーができ，見た目のインパクトが大きく，ゲームに参加しない見学者の興味を引きつける。また何をしたら勝ちで何をしたら負けなのかが傍から見ていて分かりやすく，参加の見通しが立ちやすい。

●イチゴリラ（すごろくや）

　神経衰弱を基にしたゲームである。「イチゴ」のカードは1枚しかなくそれを

図7-1-2　キャプテン リノ

めくればもらえるが,「ゴリラ」のカードは5枚あり, 5枚全てめくってはじめてもらえるといった具合に, 絵柄によってめくる枚数が変わる。確実に少ない枚数を狙うか, あえて大物を狙うか考えるのが楽しい。

「バウンス・オフ!」「キャプテン・リノ」は見た目の興味をひきやすい反面, 手先の器用さが一定程度求められる。発達障害のある人には不器用さのある人が少なくなく, その場合は「イチゴリラ」を使うことが多い。神経衰弱という誰もが知るゲームが基になっているため, 何をすれば良いか分かりやすく, 参加のハードルが低い。

6 ゲームの難易度の見極め

不安を乗り越えゲームに参加した人が, それを楽しんで次もまた参加したいと思えるためには, 参加者のレベルにあった難易度のゲームを設定する必要がある。ゲームが難しすぎてしまったのでは本人は意欲を失ってしまうし, 逆に簡単すぎた場合はゲームに飽きてしまう。

先に紹介した3つのゲームは, 小学校低学年から大人までが幅広く楽しめるゲームであるが, 以下では, 幼児向けのゲームと, 成人向けのゲームを一つずつ紹介する。

図7-1-3　イチゴリラ

●ドラゴンをさがしに（ゲームフロウ）

　絵本の体裁をとったゲームである。4歳から小学校低学年までに向いている。喧嘩好きの女の子，泥棒猫，魔法使いの少年の中から主人公を選び，山の上にいるドラゴンを迎えに行く冒険物語である。冒険の途中で選択肢が現れ，選んだ結果によって冒険の展開が変わる。例えば，眠っているドラゴンに近づくのに「そっと近づく」を選択すると，主人公が泥棒猫の場合は成功するが，それ以外ではドラゴンが目を覚ましてしまうといったように，主人公の特性や持っているアイテムの違いによっても展開が変わる。

　絵本の形をとっているために，「一人で遊ぶ」「大人と1対1で遊ぶ」「子ども同士で遊ぶ」など，子どもに合わせて様々な形で楽しめるのが良い。たとえば，引っ込み思案な子はまず大人と1対1で遊んでもらい，ゲームの大まかな展開がわかったところで他の子を呼び込む。このようにして，どの選択肢を子ども同士が話し合ってもらう機会を作ることで，他の子と合意形成をする練習ができる。

●マジックメイズ（シットダウン）

　プレイヤー同士が競い合う代わりに，協力して共通のゴールを目指すゲームである。時間内に4つのコマを縦横に動かし，所定の位置まで運ぶことが目的である。各プレイヤーはどのコマをいつでも自由に動かせるが，「Aさんは上のみ」「Bさんは下のみ」といった具合に，コマを動かせる方向が限定されている。

図7-1-4　ドラゴンをさがしに

したがって，Ａさんがあるコマを下に動かしたいと思ったら「Ｂさん，黄色のコマを下に動かしてください」とコミュニケーションを取る必要がある。最初はスムーズな意思疎通が難しいが，ゲームに慣れるにつれお互いの意図がわかるようになりゲームのパフォーマンスも上がっていく。コミュニケーションを通じてプレイヤー同士が一体感を得られるゲームである。

　自分とは違う他者の視点を想像した上で適切に指示を出さねばならず，他のゲームよりも難易度が高い反面，競い合いに抵抗感を感じる参加者がいる場合，マジックメイズのようにプレイヤー同士が共通のゴールを目指すゲームなら参加できる場合がある。

7 メンバー選び

　参加者のレベルにあったゲームを設定するので，必然的にルールの理解度やゲームの経験値がある程度揃った人たちでグループを構成することになる。参加者同士の間でゲームの理解度や経験値に極端な差があると，初心者はゲームに負けてばかりで意欲をなくしてしまうし，熟練者は初心者のたどたどしさにイライラしてしまう。

　とはいえ，レベルの揃ったメンバーだけでグループを構成することは難しく，常に妥協を図らざるを得ない。この場合，プレイするゲームをメンバーの中で

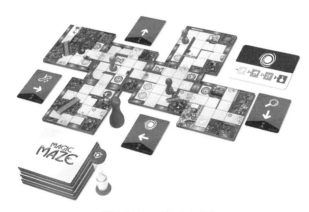

図7-1-5　マジックメイズ

最もゲームに不慣れな人が楽しめるレベルに合わせることが原則となる。というのも，簡単なゲームはそれでもある程度楽しめるが，難しすぎるゲームのプレイはしばしば苦痛の伴うものとなり，本人の参加意欲を減退させてしまうためである。

8 おわりに

　最後に，余暇支援ツールとしてのアナログゲームの意義について検討する。質問されることの多い，デジタルゲームの比較を通じて考えてみよう。

　アナログゲームにおいて，プレイヤーたちは図7-1-6のように2つの人間関係を同時に結んでいる。この二つの関係は並立でなく，「①ルールを守り合う協力関係」が存在して，はじめて「②優劣を競い合う対立関係」が成立する。ルールを守ろうとしない参加者はそもそも競い合いに参加できないからである。

　デジタルゲームの場合，①の「ルールを守り合う協力関係」の維持は，プレイヤーではなく，ゲームのプログラムが担う。そのため，プレイヤーは②の競い合いに専念できる。言い換えれば，デジタルゲームではプレイヤーがいかにルールと違う行動をしようとしてもプログラム上それができないようになっている。それゆえ，ルールを違えることでゲームの場から排除される恐れがないという気楽さがある。

図7-1-6　アナログゲームの中の2つの人間関係

それとは対照的に，アナログゲームにおいてはルールに反する行動を繰り返せばゲームの場に参加できなくなる恐れがある。よく「ゲームなんだから失敗しても大丈夫だよ」という人がいるが，それは②の競い合う関係性に限った話である。たとえ意図的でなかったにしても何度もルールと違う振る舞いをすれば，①の協力関係は壊れ，それはすなわち一緒にプレイしている人たちとの関係も壊れることを意味する。アナログゲームには「自らの意思でルールを守る」という点で，デジタルゲームにはない緊張感が伴う。

　余暇といえば，学業や仕事から離れ，ルールやしがらみに縛られず思い通りに自由にのびのび楽しむイメージが一般的であるが，こうした緊張感を伴うアナログゲームをわざわざ余暇活動に選ぶ意味はどこにあるのか。それは「他の人とルールや目的を共有して活動する」という経験が，実社会において，人と関わる自信や勇気を醸成することにつながるからだ，と私は考える。そのためには支援者が適切なメンバー選びやゲーム選びを行い，場面に応じた説明や言葉がけを行うことが大切だ。その結果，参加者に「ルールを守り合って楽しめた」「一生懸命考えて手を打ったら勝てた」「ついカッとなるのを抑えて落ち着いて最後までプレイできた」といった成功体験をしてもらうことができ，人と関わる自信と勇気を得ることにつながるのである。

※本稿で紹介したゲームの購入先について

　本稿で紹介したゲームは専門店，または通販で購入できる。東京・高円寺にあるボードゲーム専門店の「すごろくや」では，店頭・通販双方で上記のゲームが購入可能である。

　・すごろくや　ウェブサイト：https://www.sugorokuya.jp

【引用・参考文献】

松本太一（2018）アナログゲーム療育：コミュニケーション力を育てる．ぶどう社.

2 スポーツクラブでの実践
——認定NPO法人トラッソスの取り組み

吉澤昌好

1 はじめに

　知的障害・発達障害のある人たちを中心としたサッカークラブ「トラッソス」を立ち上げたのは2003年のことだ。その当時は，知的障害・発達障害のある子どもや大人がスポーツを身近で楽しめる環境は極めて少なかった。運動ができる時間は，学校体育や部活動が主で，限られた運動に留まっていた環境だったと思う。トラッソスを立ち上げる前に，ある障害者スポーツ団体に問い合わせてみたところ，月に1回の活動があり，屋外のスポーツであるため，雨天時は中止となるとのことだった。当時，私はプロのサッカー選手を目指している子どもたち（通常学級にいる子どもたち）の指導にあたっていた。彼らには毎日と言っていいほどプレーできる環境があったが，障害の有無によってスポーツの環境に大きな隔たりがあることに疑問を感じていた。

　そのような折，ある自閉スペクトラム症（ASD）ある中学生との出会いが，トラッソスの出発の契機になった。

2 トラッソスとは

　出会いの話の前に，トラッソスの概要について簡単に紹介したい。トラッソスは，知的に遅れのあるまたは発達に遅れのある子どもから大人までが，サッカーを楽しみながらさまざまな経験（試合やその関連イベントも含む）を通して，地域社会の人たちと時間と感動を共有し，社会で愛されるスポーツマン（ここ

では「する・みる・支える人」を指す）を育てていくサッカークラブである（図7-2-1）。「愛される」というのは「ほっとかれない存在になる」と，言い換えることもできる。

　また，障害のある子どもたちは，医療，教育，福祉の領域に関わることが多く，その専門家の方々との関係が濃い。そのため，トラッソスに関わる多くのコーチたちは，医療，教育，福祉の関係者だけではなく，職業，年齢，性別も多種多様・不特定多数の方に参加してもらうようにしている。そうすることで，小さなトラッソスコミュニティ（小さな社会）が生まれ，互いの居場所となり，互いに刺激しあい，互いをリスペクトしながら共生社会を創り出している。

図7-2-1　トラッソスの活動の様子

3 トラッソスを立ち上げたくなったきっかけ

　トラッソスを立ち上げる前，4年間ほどJリーグクラブの下部組織で指導者をしていた。並行して，朝から昼過ぎまでの指導のない時間は，公立中学校の特別支援学級（当時の心身障害学級）でアルバイトをさせてもらっていた。そこで初めて，知的障害や発達障害のある子どもたちと触れ合うことになる。

　トラッソス設立へ大きく意思が動いた原動力は，その場での二人のASDのある子たちとの出会いだ。一人目のA君は，当時3年生だったが，不登校の状態が続いていた。学級の主任の先生が，学校へ来るよう再三アプローチをしていたが，私が介助員として入った際に，A君に対して「サッカーの先生が来てくれているよ」と連絡をした。その連絡を繰り返す中で，A君が「ぼく，サッカー好きです〜」と返してくれるようになった。そこで体育の時間を利用して，サッカーの授業をさせてもらった。その様子をビデオに取り，A君に送って観てもらう日々が続き，ある日，A君がふらりと登校してきた。早速，サッカーの授業が始まる。

　A君は「僕，ゴールキーパーうまいです〜」と言い，ゴール前に立つ。コロコロシュートをしてみると，大きな体を横に倒してゴロっと横になったが，ボールはゴールの中へコロコロと入って行った。その後，A君は「シュートが得意です〜」といい，シュートを打った。ボールはゴールに入り，彼は満面の笑みでガッツポーズをした。

　二人目は，授業中も天井を見てニヤニヤしながら自分の好きな漫画のことを想像していて先生に注意されてしまうB君だ。体育のサッカーの授業でも同様な様子で，「ボールを蹴って」と言っても，ちょんと蹴る程度で，また上を向いてしまう。その時，何気なくB君の足元でボールをクルッと回してみた。その瞬間，「ニヤニヤ」が「にこにこ」に変わった。B君はボールを蹴り，そしてそのボールを追いかけてもう一度蹴った。そのボールは，ゴールに吸い込まれ，クラスメイトも先生も（そして本人も）大いにはしゃいだ。

　この二人のサッカーを通じた変化が，自分の中のサッカー観を大きく変えた。夕方以降に，指導しているプロを目指す子どもたちも間違いなくサッカーが好きで，一生懸命に練習をしている。でもプレーしながら笑顔はなかった。それ

は指導者である私も同様であった。

　ASDのある子どもたちとのサッカーは常に笑いと喜び，励ましの声が飛び交う時間であった。その時に，サッカー指導者である私が，サッカーを教えたいと思ったのではなく，「この子たちとサッカーがしたい」という強い思いに駆られた。また，同時に初めて「サッカーを楽しめる」と感じた。私は中学の頃に虐められた経験があり，その頃からサッカーは逃げ道の手段のように感じていたため，「楽しんでサッカーをした」経験は乏しかった。

　その後，ASDをはじめ障害のある子どもたちがサッカーを楽しむ環境がないか調べたところ，ある団体に辿り着いた。問い合わせをすると月1回の活動で見学ができるということであった。ふと疑問に思い「雨天時はどうなるのか？室内で活動するのか？」と確認したところ，「その時は中止です」とあっさり返ってきた。定型発達の子どもは毎日でもサッカーができる環境がいくらでもあるのに，障害がある子だと月に1回も保証されないという環境に驚き「無いならば作ってしまえ！」と，もはや止まらぬ気持ちで一気に設立へ走り出した。

4 トラッソスに通うメンバー

　トラッソスには，幼児から成人まで幅広い年齢層が集う。その多くは知的障害やASDなどの発達障害のあるメンバーである。男性も女性もおり，約130名が在籍している。

　学齢期のお子さんや，一人での移動に困難さがある人は，保護者の送迎で会場にやってくる。何度も練習を重ねて一人の力で会場にやってくるメンバーもおり，2時間以上かけて通ってくるメンバーもいる。

　そのような仲間が，一つの空間で互いを尊重し合える空間づくりをしてくれている。

　カテゴリ分けは，スクールとクラブチームの2つとなっている。スクールには年齢制限がなく，個人の楽しみや適度な運動が目的となっている。クラブチームは，グループの中での個の存在意義に着目して活動を行っている。また双方で，それぞれのメンバーが，自分の居場所であると認識してくれている。

　このメンバーが通ってくれる背景には，保護者の方々の多大なるサポートが

ある。一般的に、スポーツ現場において保護者の方には一歩離れてもらう傾向がある。それは、スポーツの時間が独立しているものと考えることもできる。しかし、トラッソスでは保護者のサポートがなければ成立しない。保護者がいてくれるから、「トラッソスに行っておいで」と送り出してくれる。「子どもの楽しみの時間のために」送迎してくれるから、トラッソスでは多くの仲間と時間を共有できている。

5 トラッソスが考えるサッカー

トラッソスでは「やりたくなるサッカー」を提唱しており、「やりたくなる＝自発性」と考えている。それは、学齢期を終え社会生活に入った際に、しっかりと自発的行動と共に、自分の気持ちをなんらかの手段で伝えられるようになって欲しいという思いがあるからだ。

そのような力を楽しみながら自らのものにしていけるよう、トラッソスでは子どもたちが自ら走りたくなる、または気付いたら自然と走り出しているメニューを用意している。大切にしているのは、指導者が遊び心をもち、先頭をきって遊ぶ姿勢を示すことである。

つまり、練習は遊びであり、遊びから生まれるメニューが多くある。遊びの要素を入れることで、指導者も子どもたちも心が前のめりになり、またそれを観ている保護者の顔も微笑みが増え、活動への意欲が増すと考えている。

例えば、ぴこぴこハンマーを用いた鬼ごっこ（図7-2-2）。コーチ陣が大きなぴこぴこハンマーを持ってスタートの準備をすれば、その瞬間に子どもたちは自然と走り出す。子どもたちに持たせれば、スタートの合図を待たずに追いかけ回す。夏場になれば、水鉄砲を用いて鬼ごっこを行う。さらに、コーチ陣がサメになりきって鬼ごっこをスタートさせる。コーチ陣が扮するサメは必殺技を使ってタッチをする。その必殺技は「サメチョップ」。サメの背ビレをイメージしたように、コーチが頭の上に掌を立てて、背ビレを作り、軽くお辞儀をすると背ビレでチョップしているように見える。このチョップが通常の鬼ごっこでのタッチとなる。この言葉とジェスチャーで、子どもたちは笑顔と共に走り出す。

このように，まずは子どもたちが率先して自ら走り出すような活動を行い，その後に少しずつルールを付け足していく。初めからルールを伝えてしまうことで，面白さ・楽しみが減ってしまうことがないようにしている。また，型にはめるような指導，指導者の用意したメニューの枠に収めようとしてしまうと，自然に自発的行動は減っていくと考えている。

　また，指導者の大きな役目の一つとして，リアクションが大切であると考えている。子どもたちがアクションを起こした際に，目標に向かってどのようにリアクションをして導くかが，指導者の大切な仕事である。指導者の目標に一直線に向かおうとすると，子どもの反応重視ではなく，力づくで道を曲げていることが多々あるように考えているため，トラッソスでは「リアクション」という言葉と姿勢を大切にしている。

6 「愛される人」を育てる

　冒頭に書いたように，トラッソスは「社会で愛されるスポーツマン」すなわち，「愛される人」を育てることを信条としている。トラッソスに在籍するスクール生やクラブ選手，スタッフなど関わるすべての人にも，この「愛される人」の育

図7-2-2　ぴこぴこハンマーを用いた鬼ごっこ

成については理解を求めている。学齢期を終え，社会人になって数年すると精神的なダメージを受けるメンバーが増える傾向にあり，多くのケースでコミュニケーションに関わる問題が根幹にあることが分かっている。うまく伝えられない，うまく伝えきれないなどあるかも知れない。そのような時に，上手に頼れる力を備えていることは非常に重要だと考えている。

そして，本人にとっての良き理解者に迷わずに相談できること，または職場や置かれた環境で「ほっとけない存在」でいられることが重要だと考えている。保護者だけでなく，トラッソスのコーチやメンバー，仲間に相談できること，また心配してくれる仲間がすぐ近くにいることは，とても重要だと考える。

職場などにおいて，仕事の出来不出来の評価だけでなく，人として可愛がられ，ほっとかれない存在でいることは，長い人生において誰にでも大切なことだ。誰かが変化に気づいてくれること，ほっとかれない＝拠り所があり，頼れる人がいることは，とても大切なことである。

そのような存在でいられることで，心の健康度を保つことができると考えている。身体の健康も，余暇スポーツを行うために大切であるが，それ以上に，心の健康が余暇スポーツに大きな影響を与えると認識している。

そのために，サッカーの技術の向上よりも最優先にしているものが，「人と関わる」「人との関わり方」についての経験であり，サッカーを通して，それらの経験値をあげることを行っている。

7 頼りにされる実感

「愛される人」を目指しながら，「頼りにされる」経験をし，その実感を味わう機会をいただいている。JリーグクラブのFC東京とは，17年以上も現場で一緒に活動をさせていただいている。そのような関係を築いてきたからこそ，トラッソスのメンバーが「頼りにされる」経験の場を共に創り出すことができた。

FC東京のホームゲームでは，FC東京・スポーツボランティアの皆さんが運営のサポート活動を行っている。主に特別支援学校の高等部に通っているメンバーをその活動に参加させてもらい，就労に向け実習や職業体験をする年代のメンバーを，FC東京・スポーツボランティアの一員としてホームゲームの運

営の一端を担わせてもらっている。

　彼らは，比較的「ありがとうございます」「お願いします」「ごめんなさい」を言うことの方が多いと感じていた。そのため，当初は「ありがとう」を言われる経験を積んで欲しいと考えていた。

　トラッソスのメンバーが参加すると，皆さんから「よろしくね！」「頼むよ！」「おっ！また来てくれたね！」などの声をかけてもらう。その時のメンバーの表情は，驚きと不安も入り混じった感じである。

　試合前の椅子拭き，フラッグの掲揚，プログラムの配布，チケットのもぎり，試合後のゴミ拾いを順番に行っていく。この仕事の間に，「こっちもお願い！」「ありがとね〜」「これも頼むよ！」など，雑談も含めながら声が掛かる。

　苦手なチケットもぎりなども，少し時間がかかってしまい，サポーターのみなさんをお待たせすることもある。待たせてはいけないと焦りも生まれる。やっともぎると「ありがとう」と言ってもらえる。その様子をみていた同じエリアを担当している皆さんは「できたね〜」と言って一緒に喜んでくれる。これは，トラッソスの中だけでは得られない経験だ。

　試合が終わって，解散時間になるとメンバーの顔はびっくりするほど，たくましく，明るく，しっかりと顔があがっている。この時が，周囲の皆さんから掛けてもらった言葉の力が，彼らの変化の源であると分かる瞬間である。

　「ありがとう」「頼むよ」「頼りにしているよ」「また来てくれよ！」……日常にこれほど頼りにされる声を浴びることは，そうそうある訳ではない。またメンバーがそれだけ活動に貢献しているとも言える。

　そういった経験をしたのちに，彼らは職場実習にいく。その後，保護者からの報告を受ける際は，どのメンバーも実習に取り組む姿勢に変化がでていると聞く。それをFC東京やFC東京・スポーツボランティアに伝えると，さらに喜んでもらい，また頼りにしてもらえる。将来的にスポーツ現場においても，就労先が広がる可能性も多分にあるように感じている。

8　チームドクターがいることの安心感

　先に記したが，特に社会人になって精神的な不調を訴えるメンバーが少なく

ない。本人がそのような状態だと，元気に余暇活動を楽しむこともできない。さらに余暇活動への不参加だけでなく，うつなどの二次障害が起きる可能性も大きくなる。以前は，心理センターと提携をして心のケアを行ってきた（これ自体も障害児者スポーツクラブの中では珍しい取り組みである）。

　そのような折，ある児童精神科医がトラッソスに問い合わせをしてくれた。実際に会い，トラッソスについて話をした際に，医師は活動に関心を示し「何かできることはないか？」と言ってくれたので，まさに即答で「チームドクターになってください」と伝えた。医師はにっこり微笑んで了承してくれた。精神科医がサポートしてくれることの安心感は，我々指導者だけでなく，保護者の方々の安心にもつながる。社会人になってからの生活の方が，人生において圧倒的に長いことは言うまでもない。その時間をケアできること，またはその前にケアできる仕組みがあるのは，非常に重要だと思っている。

9 おわりに

　我々指導者がいて，子どもたちがいるわけではない。子どもたちや保護者の方々がいてくれるからこそ，我々指導者の居場所がある。これは当たり前のことだが，忘れがちなことでもある。少なくともトラッソスの生い立ちはASDのある子どもたちがサッカーの楽しさを教えてくれたことが原点である。彼らがいてくれたからこそ，今のトラッソスがある。

　そして，トラッソスのメンバーや我々指導者が，様々な人たちに可愛がられ，愛される存在で在り続けられるように，余暇活動の現場から共生社会を広げていきたいと考えている。

【引用・参考文献】

認定NPO法人トラッソス ホームページ https://tracos.jp

3 テーブルトーク・ロールプレイングゲーム (TRPG) の実践

堀口智美

1 TRPGとは

　テーブルトーク・ロールプレイングゲーム（TRPG）とは，複数の参加者（3〜5名程度）が集まり，一定のルールや世界観の中で会話を中心として物語を進行していく卓上ゲームである（図7-3-1）。必要な道具は，ゲームの進め方や設定資料などが記載された「ルールブック」と，プレイヤーが担当するキャラク

◆GMとプレイヤーのやり取り
　GMによる状況説明
→プレイヤーの行動宣言
→行動の結果，物語が
　どのように展開したか
　GMが説明
→プレイヤーの行動宣言
…と言ったやり取りで進む。

キャラクターは、どんな行動でも試みることができるが、行動の成功・失敗は、ルールに従いサイコロ等で決まる。

◆プレイヤー同士のやり取り
お互いに相談し、
協力しながら物語を
進めていく。

キャラクターシートは、
1人1枚ずつ手元に
置く。

図7-3-1　TRPGの様子

ター（物語の主役）のデータを記載する「キャラクターシート」，キャラクター
の行動の成功・失敗など物語の展開を決定する時などに使用する「サイコロ」，
そして筆記用具など（図7-3-2）。基本的にコンピュータは使用しない。

　参加者の役割はプレイヤーとゲームマスター（GM）に分かれる。プレイヤー
はそれぞれ自分の分身となるキャラクターをルールに基づいて作成し，物語世
界に「キャラクターとして」参加し，他のキャラクターと会話しながら物語を進
めていく。参加者の1人はGMとして，物語の舞台設定や情景を説明・描写し
たり，キャラクター以外の登場人物を演じたりして物語を作っていく役割を果
たす（表7-3-1）。このように，参加者同士が会話しながらひとつの物語を展開
し，GMが想定した（あるいは想定以上の）結末を迎えた時点でゲーム終了と
なる。

　TRPGを用いた発達障害児・者に対する研究・実践については，いくつか報
告があり，特に発達障害のある10代の子どもたちの小グループ活動におけるコ
ミュニケーション促進やQOLの向上について焦点を当てた研究報告がある（加
藤ら，2012；加藤ら，2016）。

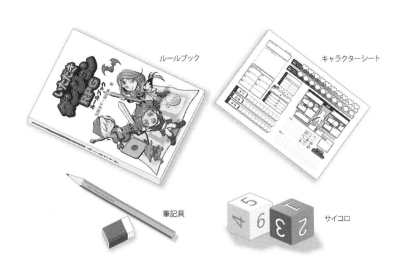

ルールブック　　　キャラクターシート

筆記具　　　サイコロ

図7-3-2　TRPGで使用する道具

表7-3-1　TRPG活動中の会話（一部抜粋）

G　M： さて，君たち3人は，村からの依頼を受け，ゴブリンたちの洞窟を目指し，森の中を探索中ですが…。	G　M： ミントが指し示す方向に目的の洞窟がある。洞窟の入口には，3匹のゴブリン（小柄な鬼）が立っているよ。
バジル： ゴブリン退治…チョロいな（笑）	ミント： 見張りかな。よし，背後から忍び寄ってロープで縛り上げよう！
G　M： では，ここで洞窟を見つけられるか判定しよう。サイコロを2つ振って「感覚」の能力の数値を足して合計が10以上なら「成功」です。	セージ： その前に投降を呼びかけよう。「お前たちは包囲されている〜」って。
（3人，それぞれサイコロを振る）	バジル： こっちも3人しかいねえじゃん。いいから突撃しよう。
バジル： …あ，6だ。失敗。	ミント： ロープで縛りあげようよ〜
セージ： チョロいんじゃなかったの？	セージ： いや，言いくるめて手下にしよう。
バジル： お前も失敗しているだろ！	バジル： だから，突撃だって，突撃！
ミント： …12。私，成功したよ！	G　M： ……えーと，見張りのゴブリンたちが，君たちを見つけたよ。
G　M： では，ミントは，木々の向こうに洞窟の入口があるのを見つけます。	3　人： ええー！
バジル： おーい，（洞窟が見つからないから）もう帰っちゃうか？	G　M： 行動を決められずに長々としゃべっていれば，そうなるって（笑）
ミント： （バジルとセージに）見つけたよ。こっちこっち。（手招きする）	バジル： いいもん。俺は剣を抜いてゴブリンたちに特攻する！
セージ： じゃあ，たいまつに火をつける。	ミント： 戦闘開始？　じゃあ私は弓を撃つ。
ミント： 気が早過ぎるよ（笑）	セージ： 骨は拾います。
バジル： ミントの声に気づいたので，そっちを見る。	バジル： お前も戦うんだよっ！
	（以下続く）

※ "戦士の「バジル」，魔術師の「セージ」，狩人の「ミント」の3人（それぞれ子どもたちの作成したキャラクター）は，旅先で立ち寄った村で「村はずれの森の中の洞窟をねぐらにするゴブリン（集団で悪事を働く小柄な鬼の怪物）たちを退治して欲しい」という依頼を受け，ゴブリン退治のために森へと向かっていった……"という物語をTRPGで進めている，その一場面。実際には，図7-3-1のようにテーブルを囲み，ゲームマスター（GM）が進行役となり，子どもたち（プレイヤー）は自分の作成したキャラクターの「キャラクターシート」を手元に置いて，会話に参加している。

2　TRPGから広がるコミュニケーション

　以下，発達障害のある子ども・若者たちを対象にした余暇活動としてTRPGを採用することの利点について，コミュニケーション促進という面から，いくつかの事例を取り上げながら紹介していきたい。

（1）仲間集団への積極的な参加

　先述した通り，TRPGは3〜5名ほどの集団で会話を通して行われる協力型

ゲームである。活動内での会話を通して、参加者同士が自然に意識し協力しながら集団に参加して活動を楽しむことができる。

　筆者が関わっているTRPG活動では「キャンペーン」と呼ばれる固定メンバーが毎回続きものの物語を楽しむ方式で遊ぶことが多い。このことは2つのメリットがある。1点目は、人的環境設定の面で安定していることである。発達障害、特にASDの特性がある子どもは環境の大きな変化を苦手とすることが多い。メンバーを固定することである程度見知った相手や決まった小集団での活動に継続して取り組むことができ、参加者の安心につながる。

　2点目は、活動の回数を重ねるごとに、参加者同士での交友関係が深まり、コミュニケーションの広がりにつながることである。TRPG活動の最初の頃は活動終了後すみやかに解散していた参加者が、しだいに活動終了後に他の参加者とTRPGの話題（キャラクターの成長やその日の活動の振り返りなど）で話をするようになり、最後にはスタッフが「そろそろ時間だよ」と帰宅を促すまで会話が白熱するようになっていた、ということが多い。また、その話題もTRPGのことだけではなく、お互いの趣味の話などにも波及していくこともある。TRPGを通じたコミュニケーションで親交を深めたことで、会話も多様に広がり1つの仲間関係が出来上がっていく。

（2）相手を意識して会話をする

　TRPGはGMが設定した物語や課題（迷宮の探索や怪物との戦闘など）を、GMも含めた他の参加者と協力しながら乗り越え進めていくゲームである。そのためには参加者同士が話し合う（対話する）ことが重要である。自分から提案することや他の参加者の話に応じること、時にはGMの説明や裁定を聞いて受け入れながら自分の行動を修正するなどのやり取りが必要になってくる。文章にするととても難しいことのように思えるが、回数を重ねるごとに、段々と、自然に、できるようになっていく。

　これは筆者自身の経験だが、筆者は中学2年生の頃に学校の同級生たちとグループを作ってTRPGを遊び始めた。最初は参加者同士が自分の考えた設定や物語を相手に伝えることに必死で、なかなか相手を意識しながら遊ぶことが難しかった。ある時、筆者の家で遊んでいた際に、そばで見ていた母に「あなた

たち（筆者を含めた友人グループ），相手の話を聞かずに自分の話をするのに必死だね。『言葉のドッジボール』になっているよ」と言われたことが印象に残っている。しかし，TRPGを同じメンバーで継続して行う中で，しだいに他の参加者やキャラクターの言動を意識しながら自分の言動を考えたり，他のキャラクターに合わせて自分のキャラクターを設定したりなど，お互いに他者に配慮したコミュニケーションができるようになっていった。まさに「言葉のドッジボール」から「言葉のキャッチボール」への成長だったと実感している。

（3）キャラクターとプレイヤー（自分）との違い

TRPGのプレイヤーとしての参加者は，自分の分身としてのキャラクターを作成し，キャラクターの設定や能力ほかを記載した「キャラクターシート」（図7-3-2）を手元に置いてTRPGの物語に参加する。これはTRPGの大きな特徴の一つであると同時に，ソーシャルスキルトレーニング（SST）のような活動と大きく違うTRPGならではの利点だ。その理由は2つある。1つ目は，コミュニケーションを行うことへの障壁を感じることや負担感，失敗への恐怖感を軽減できることである。TRPG内における発言は，「キャラクターとしての発言」と考えることもできる。つまり，キャラクターという「自分自身とは似て

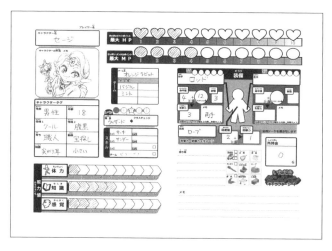

図7-3-3　キャラクターシートの一例

非なる存在」として参加する，というワンクッションがあることで，ある意味「自分ではないから失敗しても大丈夫」という安心感が生まれる。

　２つ目は，客観的な視点が育つきっかけになることである。TRPGで物語を進めるにあたり，参加者は「その場にいるキャラクター（物語の登場人物）としての視点」と「プレイヤーとしての（物語の外から俯瞰する）視点」の２つを併せ有することになる。慣れないうちは２つの視点を併せて考えることが難しく，キャラクターとプレイヤーの視点がほぼ同一だったりプレイヤーとしての視点が強かったりする傾向が多い。しかし，回を重ねるごとに，「キャラクターは現時点でこう考えて動こうとしているけど，プレイヤーから見たら（物語を進めるために）こう動いた方がいいと思う」と考えて他のキャラクターと会話したり，自分のキャラクターの設定や性格と折り合いをつけて行動したりするようになる。このように，TRPGでキャラクターを介して物語に参加することで，知らず知らずのうちにある種のメタ認知が育つのではないかと考えられる。

3　余暇活動支援としてTRPGを行うにあたって

　ここでは，実際に余暇活動支援としてTRPGを行う際のポイントについて，筆者の実践経験をもとにまとめる。

（1）所要時間・内容・時間配分

　TRPGを行う際に，よく問題とされるのが時間配分である。TRPGは会話を主体として進めていくゲームであるため，盛り上がれば盛り上がるほど時間がかかる。そのため活動時間が限られていることが多い余暇活動の場においては，あらかじめ進行役のGMが各活動段階にどの程度時間をかけるか目安を決めておく必要がある。一例だが，加藤浩平・保田琳（2014）がTRPG初心者用に作成したTRPG『いただきダンジョン』を5人（プレイヤー４名，GM１名）で遊ぶ場合，キャラクター作成から終了まで，余裕をもって３時間は確保しておく。

　そして，①活動の前準備（キャラクターの作成，自己紹介など）に約１時間（ただし，TRPG自体が初めての参加者が多い場合，基本的なルールの説明も

必要なため，さらに30分ほどみておくと確実），②物語の導入（冒険の始まり，キャラクターたちが冒険に出る動機を示す導入部分。たとえば「迷宮に隠された魔法のアイテムを採取してくる」「村を荒らす怪物を討伐する」「さらわれたお姫様を救い出す」等々の依頼を受ける）に15〜20分，③物語の前半の展開（たとえば迷宮の探索や手下の怪物との戦いなど）に60〜70分，④物語の後半の展開（クライマックスの戦い，いわゆる「ボス戦」）に15〜20分，⑤物語の終了（冒険の終わり，後日談，振り返りなど）に15〜20分，といった時間配分で物語を進めていく（あくまで筆者の実践の一例である）。

（2）シナリオの作成 ── 参加者グループの好みに合った物語作り

　GMがTRPGの物語（シナリオ）を考える際には，参加するプレイヤーの好みや趣味，キャラクターの設定などを念頭に入れるとアイデアが浮かびやすい。学校教育において普段の活動案や指導案を作成する際に，「予想される児童・生徒の反応」を考えることとほぼ同義である。「この登場人物（GMが操る）から依頼をすると，依頼を受けてくれるのではないか」「この話の展開はあのプレイヤーの好みに合うので乗ってくるのではないか」など，ある程度予測しながら構成すると，実際に遊んだ際に盛り上がる。筆者がスタッフとして参加しているASDのある女子グループにおいて，「趣味トーク」（本章4節を参照）の活動を数回行った後にTRPG活動を行った事例がある。筆者はGMの立場で活動に参加したが，各参加者の趣味や嗜好を「趣味トーク」の活動を通じてある程度把握できていたため，参加者がどんなキャラクターを作るか，どんな話の展開を好むかなどを想定しながらシナリオを準備することができた。

　ただ，すべて計画通りに進める必要はなく，ゲーム中に参加者から出た発言や提案，キャラクターの設定など，進行に影響のない程度に受け入れながら臨機応変に進めていくことが重要である。

（3）楽しみ方・参加方法は人それぞれ

　TRPGは会話を主体として進めるゲームであるため，しばしば「あまり発言がないので，楽しめていないのでは？」「キャラクターとしての発言が少なく，参加者本人視点の発言ばかりで，物語に参加していることになるのか？」という

心配をたまに（スタッフの学生や見学者から）聞く。しかし，TRPGに限らず活動への参加方法は人それぞれである。もちろん参加者の表情や様子から物語に参加できているのか，全体から置いて行かれていないかなどの状況を把握する必要はあるが，必ずしもキャラクターとして演技などをする必要はないし，積極的に発言をして物語を引っ張ることだけがTRPGの楽しみ方ではない。事実，筆者が余暇活動の場でのTRPGで関わった参加者の中には，キャラクターとしての発言を楽しむ人，他の参加者の発言やGMの状況描写を聞きながら考え楽しむ人，ボードゲームのようにルール面から強いデータ構築を考え，探索や戦闘を楽しむ人など，それぞれの楽しみ方で参加していた。楽しみ方・参加の仕方は人それぞれ，その人らしく参加してくれれば，それで良い。

(4) 支援する側も「一参加者」として楽しむ

参加者の中でも特にGMは物語の進行役，ルール上の裁定者という役割を担う。しかし，GMは「支援者」「指導者」という立場ではなく，あくまでプレイヤーと同じ参加者であり，物語を一緒に作っていくという視点で楽しむべきと考える。筆者自身は，余暇活動支援のスタッフとしてTRPGに参加する際に，「ちょっとゲームやアニメ，漫画等に詳しいお姉さん」のつもりで関わっている。普段は「先生」「大人」等の立場で接している支援者と，同じ立場でゲームや物語を共有できるという経験は，参加者と支援者との間にある障壁を少し低くするきっかけになるのかもしれない，と感じる。ぜひ参加者全員で，一緒にTRPGの物語を共有して楽しんでほしい。

【引用・参考文献】

加藤浩平・藤野博（2016）TRPGはASD児のQOLを高めるか?．東京学芸大学紀要 総合教育科学系67（2），215-221.

加藤浩平・保田琳（2014）いただきダンジョンRPGルールブック．コミュニケーションとゲーム研究会．

加藤浩平・藤野博・糸井岳史・米田衆介（2012）高機能自閉症スペクトラム児の小集団におけるコミュニケーション支援：テーブルトークロールプレイングゲーム（TRPG）の有効性について．コミュニケーション障害学29（1），9-17

4 「趣味トーク」の実践
── 仲間と「好き」を語り合う体験

加藤浩平

1 はじめに

　集団でのフリートークや雑談が苦手，という自閉スペクトラム症（ASD）の
ある子どもや若者（ASD児者）は少なくない。「1対1なら話せるけど3人以上
になると一気にハードルが上がる」「話すタイミングが掴めない」「話の流れを追
うのが難しく疲れてしまう」などなど，会話に関する困りは本人たちから数多
く聞いている。本人は話したいことがたくさんあっても「どうせ話しても伝わ
らない」「どうせうまく話せない」と，会話すること自体に消極的になる子ども
たちも多い。そんな中で「楽しく自分の好きなことについてほかの子と話せる
場所があるなら参加してみたい」というASD児たちの小さな声（希望）から，
「趣味トーク」という活動を始めるようになった。

　従来の支援現場などでのコミュニケーショントレーニングのような活動とは
違った，安心して会話のできるルール・枠組みづくりなどの環境調整の中で，楽
しみながら自分の「好き」を語り合い，コミュニケーションの経験を積み重ねて
いく「趣味トーク」という活動について紹介する。

2 「趣味トーク」とは──ゆるやかなルールの中で自分の「好き」を語る

　「趣味トーク」とは，数名（進行役・スタッフを含めて3〜7名ほど）でテー
ブルを囲み，シンプルなルールなど「ゆるい枠組み」の中で，参加者が順番に，
それぞれの「好き」（好きな漫画やアニメ，ゲーム，鉄道，海洋生物など）につい

て，グッズや本などの関連物を見せながら話をして，仲間と話題を共有する活動である（加藤・岩岡・藤野，2019）。もともとは日戸（2013）の「趣味の時間」を参考にしていたが，参加者（主に10代のASD児者たち）の要望や意見を取り入れ，また当事者研究（綾屋・熊谷，2010）や哲学対話（梶谷，2018）などの既存のプログラムなども参考にして，現在の形になっている。

　「趣味トーク」はシンプルな活動ではあるが，中高生ぐらいの年齢でも十分に盛り上がる。活動では，推しのアニメキャラのアクリルキーホルダーや缶バッジ，ぬいぐるみ，アニメ・特撮映画のパンフレット，好きなアニメ・マンガ作品の「聖地巡礼」（作品の舞台となった実際の土地や建物などを訪れる行為のこと）報告，自分が描いたイラストなど，さまざまなものが披露される。

　なお，「趣味トーク」は人の話を聞く練習をする場ではない。ルールはあるが，ソーシャルスキルのようなものではなく，あくまでもその場にいる全員が安心して自分の「好き」を語れることを保障するためのルールである。

3 「趣味トーク」の実践——進め方・ルール・スタッフの役割など

ここで「趣味トーク」の進め方とルールについて簡単に紹介したい。
おおまかな流れとしては以下の通りである。

①参加者がに集まったらテーブルを囲み，進行役が「『趣味トーク』のルール」（後掲）について説明し，全員で確認する。
②まずは「発表タイム」。最初の発表者は持参したもの（マンガ作品やアニメキャラのグッズなど）をテーブルの上に出しながら「好きなもの」について自由に話をする。「発表タイム」では，基本的に他の参加者は発言しない。
③発表後は「質問タイム」となり，他の子どもやスタッフたちも発表者への質問や話題に関連した内容で話をする。
④「質問タイム」が終了したら発表者は持ってきたものをしまう。次の人の「発表タイム」となり，次の人が持参したものをテーブル上に用意する（②に戻る）。

流れについては，参加者が活動の見通しを持てるようにする目的もあるが，それ以上に，「全員に話す機会がある」ということを参加者たちに伝えることを大切にしている。

　また，「趣味トーク」では，話し方・聞き方の細かい指導は行っていない。代わりに図7-4-1のような「『趣味トーク』のルール」を定めている。話し手は好きなことを好きなように話して良いし，聞き手も話し手の発言の邪魔をしなければ，自分にとって楽な姿勢で（寝転がっていてもＯＫ）聞いてもらうようにしている（ルール①②）。ただし，③の「人（他の参加者）の「好きなもの」を絶対否定しない」は，徹底して守ってもらう。このルールを全員が厳守することで，お互いが安心して自分の「好き」を語ることができる場が作られるからだ。安心を保障するルールがあるから，参加者たちは自分の「好き」を表現できるし，表現する経験を経てこそ，伝える相手のことを意識するようにもなり，段々とルールは本人たちにとっての「自然体」になっていく。

　「趣味トーク」の司会進行は基本的に支援者や活動に慣れたスタッフが担当している。進行役の存在も，前述のルールと同様に「趣味トーク」の「ゆるい枠組み」の重要な柱である。参加者のトークを楽しみながら，参加者とルールの共有・確認しつつ，余裕をもって時間や場の調整・管理をおこなう役目である。

「趣味トーク」のルール

（2020年4月改訂）

① どんなトークのしかたでもOK！
② どんな姿勢で参加してもOK！
③ 人の「好きなもの」を絶対否定しない。
④ 人が話している時に話をさえぎらない。
⑤ 活動の内容をSNS等に無断でアップしない。
⑥ 司会進行役の指示に従って進める。

※ルールを守って、みんなで活動を楽しみましょう。

図7-4-1　「趣味トーク」のルール

　なお，サポートのスタッフは，アニメや漫画，ゲームなどに親和性のある（もしくは自らのこだわりを趣味として楽しめている）学生・院生に，「話題を共有できる（ちょっと年上の）『趣味の仲間（ピア）』」の立場で参加してもらっている。スタッフに「質問タイム」の場で他の参加者のモデルになるような質問をお願いすることなどもあるが，基本的には同じ「参加者の一人」として一緒に「趣味トーク」を楽しんでもらうようにしている。そのため，スタッフにも自分の「好き」を語ってもらう機会を平等に提供している。

4 「趣味トーク」に参加した子どもたちの感想

　以前の調査で，「趣味トーク」に参加したASDのある10代の子どもたちに活動への感想についてインタビュー形式で尋ねたところ，次のような回答を得ることができた。

> ○好きなことを安心して熱く語れるのが良かった。
> ○授業や学校で話をするのはストレスだけど，自分の好きなものについて話すのは好きだし楽。聞いてくれる相手がいるのも嬉しい。
> ○「発表タイム」「質問タイム」と別れているので安心して参加できた。
> ○グッズを持って来て，それについて話すので話がしやすかった。
> ○自分が好きなアニメや声優について，同じように好きな人たち（参加者やピアスタッフ）がいることが分かって嬉しかった。
> ○他の人が好きなものについて聞けるのは楽しい。もっと聞きたいし知りたいと思った。
> ○「推し」が増えた。「沼」も増えた。

　上記のほかにも「（学校などで友だちと話すときも）相手の興味や状況に合わせて話すように意識するようになり，（結果として）話がしやすくなった」，「趣味トークを体験して，以前よりも友だちとの会話を確認しながら聞くことができるようになった」という，趣味トークでの経験が日常にも活かされていると思われる感想を述べている参加者もいた。

筆者が関わっているASD児者たちの中には，「自分の好きなアニメの話をして同級生に馬鹿にされたことがあってとても嫌だった」(10代男子)，「親にゲームの話をすると否定されるので話さないようにしている」(10代男子)，「少年マンガが好きだけど，同級生たちは(自分は興味がない)恋バナばかり話していて退屈」(10代女子)という発言を活動の中でする子たちもいる。「趣味トーク」のような(学校や家庭以外で)好きなことを安心して話せる場があるという経験は，ASD児者たちのコミュニケーションへの抵抗感を軽減するきっかけになっているようにも思っている。

5 オンラインツールを用いた「趣味トーク」

　2020年以降，新型コロナウイルスの感染拡大によって直接集まっての活動が難しくなってからは，ビデオ会議システムなどを活用して，テーブルトーク・ロールプレイングゲーム(TRPG)や「趣味トーク」などを楽しむ，オンラインの余暇活動を展開するようになった(加藤・藤野，2020)。とはいえ，活動の内容は大きく変わることはなく，むしろこれまでの余暇活動支援の中で積み上げてきた経験(環境づくりやサポートの工夫)を，オンラインでの余暇活動にも応用したものであった。少し格好をつけて言えば，オンラインとリアルの「ハイブリッド余暇活動支援」である。実際にビデオ通話システムで参加する子と会場に直接来た子とが一緒になって「趣味トーク」を楽しむことも行なっている。
　オンラインの「趣味トーク」に参加したASD児たちからは，「普段の『趣味トーク』と同じように楽しめた。むしろ自宅はネタ("推し"のグッズなど)がたくさんあるので，時間制限がなかったらいつまでも話せるのでヤバい」「ディスプレイなので，あまり他の参加者の目線を気にせずに済む」「画面選択することで，リアルの活動ではできない『余計な情報を省く』ということができた」などの感想があった。
　オンラインの「趣味トーク」は遠隔地や自宅からでも参加できるなどグループ活動に抵抗のあるASD児者の参加へのハードルを下げていたり，ビデオ通話システムの話者にスポットが当たる機能(拡大されたり色枠が付いたりする)などで視覚的に話に注目しやすかったり，そもそも相手と目を合わせなくても話

のできる環境であったりと，オンラインならではの良さも確認できている。引き続きオンラインでの「趣味トーク」の進め方やオンライン活動でのメリットや課題などについては研究を通じて紹介していきたい。

6 おわりに

　一般的にコミュニケーションというと雑談や交渉などを上手におこなう力が想像されがちだが，決してそれだけが育まれるべきコミュニケーションではない。むしろ思春期などの段階において，ユニークなコミュニケーションスタイルを持つと言われる発達障害のある子どもや若者に必要なのは，"正しい（多数派社会で望ましい）"話し方や上手に話すテクニックの練習をする前に，「コミュニケーションすること自体が楽しい」と感じられる体験の積み重ねではないだろうか。

　余暇活動支援の場での「趣味トーク」として第一に目的にしていることは，参加してくれている子どもたちが，自分の「好き」を，しゃべりたいことを，伝えたいことを安心して楽しく話すことのできる場（環境）を保障することだ。上手に話すことよりも，楽しく話すことを大切にする（藤野，2017）。そんな体験が，会話を含めたその子らしい表現力や創造力を育み，発達の礎になっていくと思っている。

【引用・参考文献】

綾屋紗月・熊谷晋一郎（2008）発達障害当事者研究：ゆっくりていねいにつながりたい．医学書院．

藤野博（2017）発達障害の子の「会話力」を楽しく育てる本（健康ライブラリー）．講談社．

梶谷真司（2018）考えるとはどういうことか：0歳から100歳までの哲学入門．幻冬舎．

加藤浩平・岩岡朋生・藤野博（2019）自閉スペクトラム症児の会話の特徴と話題との関連：アニメ・漫画・ゲームを題材にした「趣味トーク」の実践．東京学芸大学紀要．総合教育科学系 70（1），489-497．

加藤浩平・藤野博（2020）オンラインで（も）できる自閉スペクトラムの子の余暇支援．金子書房note.（https://www.note.kanekoshobo.co.jp/n/n44ef52cf8186）

日戸由刈（2013）地域の中の余暇活動支援でできること．本田秀夫・日戸由刈（編），アスペルガー症候群のある子どものための新キャリア教育．金子書房．

黒山竜太

第8章

一人でリラックスして過ごす余暇

1 発達障害児・者にとってのリラックスとは

　ここまで本書を読み進めてこられた読者の皆さんに，改めてお尋ねしたい。「余暇」とは，どのようなものであろうか，そしてどうあるべきだろうか。おそらく余暇は，「仕事」や「学業」など「取り組むべき時間」との対比関係において「ホッとする時間」「リラックスできる時間」という位置づけになるものであろうと考えられる。そして，それはどういう場所で，どういう構造で提供されるべきだろうか。「リラックスできる」状態というのは，人によって，そして状況によって様々に捉えられるであろう。気心の知れた人と過ごせることがそうである場合もあれば，一人で静かに過ごすことができた方が良い場合もある。またそれは，自宅，自室であればリラックスできるとも限らない。適切に自分自身の状態をモニターし，「今はこうした方がよい」ということに気づくことができなければ，快適な余暇を過ごすことは難しいのではないだろうか。さらに言えば，その後どのような方法で過ごすことができればよいかという具体的な手立てを発見・獲得できていなければ，ただ時間や場所だけが与えられても，自らその時間を効果的に活用して適度にリフレッシュするということは難しいのではないだろうか。

　大河内ら（2020）は，発達障害児・者の社会不適応につながる要因の一つとして独特の身体感覚があると考えられることを指摘し，彼らの身体感覚の信頼性の高い評価方法の開発の必要性を訴えている。筆者もこれまで発達障害のある子どもたちとのかかわりの中で，彼らの独特の身体感覚とその言語化及び共有化の難しさに注目してきた。特に，自分のからだや気持ちがどういう状態なのかについてのモニタリングが難しく，「正しく気づけない」そして「正しくコ

ントロールできない」ことが，不適応の要因となり，また不適応を助長させてしまっている事例に数多く出会ってきた。彼らは身体感覚に注意を向けることが難しく，自分の疲れや力の入り具合に気づきにくいため，知らず知らずの間に疲れてしまっていることが多いように思われる。そうしたアンバランスさに気づいてあげること，そのうえで適切な援助を提供することが必要であると考えられる。

　しかし，発達障害のある子たちは，その特性ゆえに「行動」に目が向けられがちである。つまり，「突飛な行動」が問題行動として注目され，何らかの対処によってそれが落ち着けば「問題が治まった」ないし「適応できている」と判断されがちではないだろうか。もちろん問題行動が治まること自体は悪いことではないと思われるが，もしかすると，それは（本人の懸命な努力により）ただ我慢し，抑え込んでいるだけなのかもしれない。もしくは，我慢していることにすら気づいていないのかもしれない。しかし，彼らの身体感覚についての気づきや言語化の苦手さから，実際どういうことにストレスを抱えているのか，周囲にはわかりづらい。そのため，ややもすると「こうして過ごしていれば安心なはず」と，ある特定の環境を一方的に押し付けている可能性すらあるのである。そのため，その子に今必要な支援や落ち着ける環境とは何なのかを，常に見極めていくことが大切ではないかと考えられる。船橋（2017）は，ある発達障害のある子どもへの心理的支援について，「その子は障害特性に由来する自他理解やコミュニケーションの困難さがあるが，それ以上に注目しなければいけないことは，その子自身が『しんどさ』を抱えていること，そして，思春期という独特な時期を迎えることによって，自身を操縦することがそれまで以上に困難になっていることではないか」，と述べている。思春期はいわゆる"思春期危機"とも言われ，とりわけ子どもたちは精神的に不安定になりやすい。このことに注目し，彼らの「しんどさ」に気づき，適切な支援や環境の提供を検討することが重要であると考えられる。

2 事例紹介

　ここで，1つの事例を紹介したい（個人の特定化を避けるために，趣意を損

なわない程度に加工している）。筆者が以前心理スタッフとして勤めていた精神科クリニックで，中学生〜大学生の数年間心理的援助を担当していたＡ男の事例である。Ａ男は，幼少時に自閉スペクトラム症（当時は高機能自閉症）の診断を受けており，継続的に専門的支援を受けながら通常の教育課程に在籍していた。クリニックでは，筆者はＡ男に対して，プレイセラピーを中心として本人が安心できる環境を提供しつつ，他者との関係の幅を広げることを目的としてかかわりを続けていた。時間をかけて信頼関係を築いていったが，Ａ男には元来抑うつ的な特徴があり，また自分の気持ちを言葉にすることがとても苦手であった。

　Ａ男が高校３年生になり，「学校で突然同級生を殴ってしまう」という問題行動が現れ，それへの介入の必要が生じた。Ａ男は自分の障害特性を人に説明しなければと思うも言葉で自分の気持ちや考えをうまく説明することができておらず，また体中に異常なまでに力が入っていた。筆者は，臨床動作法というからだからこころに働きかける心理的援助法（成瀬，2000）に精通していたことから，Ａ男へ臨床動作法の説明を行い，まずはうまく力を抜くことを目指して援助を行なった。Ａ男は「きつい」という言語表現はあったものの，自分では肩や背中に強く力が入っていることにすら気づいていなかった。筆者がそのことを指摘したうえで，力の入った部位を他動的（援助者が主導して動作を行ない，本人はその援助に任せること）に弛緩したところ，ようやくＡ男は力が抜けたことを自覚することができ，「楽になった，スッキリした」という感想も述べられた。

　しかし，得られたリラックス感はその場しのぎに過ぎず，問題行動は消失しなかった。そのため，筆者は主動的（本人が主導して動作を行ない，援助者はその動作を必要に応じて補助して行なうこと）な弛緩体験が必要であると考え，「腕上げ課題」という動作を提示した。「腕上げ」とは，Ａ男が仰向けになり，片方の腕を下した状態からゆっくりと上に上げていく動作で，筆者は横に座ってＡ男が自分で動かす腕の肘と手首に手を添え，Ａ男が腕を楽に動かしていけるように手伝った。肩に余計な力が入って腕が動かせなくなった際に，筆者から声を掛けるとともに肩を触って緊張に気づかせながら，数回腕の上げ下げを行なった。すると，Ａ男は目をつぶって徐々に余計な力を抜いたまま動作ができ

るようになっていった。それとともに、それまでとは明らかに違ったリラックス状態を体験しているようであった。次に、A男にあぐら座位になってもらい、筆者は「両肩の上げ下げ課題」を提示した。この課題では、A男に主動的に両肩を上げ下げしてもらい、腕上げ課題と同様に、肩に余計な力が入りすぎた際に筆者から適宜力を抜くための援助を行った。A男は、最初は肩を上げる際に前の方に力が入ってしまい、また下す際も弛緩しきれず肩が途中で止まってしまっていたが、深呼吸し、徐々に落ち着いて動作に取り組みながら、余計な力を入れずに動かすことができるようになった。うまくできるようになると、A男は表情も穏やかになっていった。筆者はA男に、そのリラックスできた状態を確認したうえで、これらの動作を一人でいるときにも実施してみることを勧めた。すると、A男に冒頭の問題行動は起こらなくなっていった。その後もA男は人との関係の中でイライラすることはあったものの、自分で動作課題を実施するなどしてある程度落ち着くことができる状況を保つことができた。

　大学に進学後、A男は休みの日に一人でカラオケに行ったり、小説を読んだりして、自ら適度にストレスを発散して過ごすことができるようになっていった。筆者が退職の時期を迎えた際、ゼミでの振る舞いや同級生との関係、また大学卒業後の進路のことなど現在・将来における心配は残っていたため、次のセラピストに担当を引き継いで、筆者との面接は終了した。

3　自己のコントロール感と一人で落ち着けることの獲得

　さて、提供したA男の事例から、「一人でリラックスして過ごす」ということについて考えてみたい。A男は他者との柔軟なやりとりが苦手であり、何かを伝えたいという思いはあっても、それをうまく言葉にして伝えることが難しかった。そのため、学校では結果的に一人でいることが多かった。A男は、最初から一人でいたかったわけではなく、一人で過ごさざるを得ない状況に陥っていた。そのため、面接で筆者はA男が「一人ではないこと」を重視して、彼に寄り添ったかかわりを続けていた。A男は言葉での表現は乏しかったものの、理解してもらいたいという気持ちを強く抱えていた。その気持ちに対して「一緒に過ごす」という時間を通じてなんとか安定を保っていたが、A男が高校3年

生になり，進路を検討する必要のある不安定な時期に入ったことで，感情のコントロールが難しくなってしまっていたものと考えられた。そこで，筆者はA男が自分と向き合い，コントロールする術を身につける必要があると考えた。「自分と向き合う」とは，A男が自分のできなさを理解するということではなく，自分自身のありのままの姿を受け入れる，ということであった。そのため，臨床動作法による「からだ」への理解と弛緩のプロセスを通して，まずはA男がリラックスして気持ちを落ち着かせられることを目指した。ところが，A男はただリラックスを体験するだけで落ち着きを取り戻すことはできなかった。そこには，「自分で自分をコントロールできるようになる」というプロセスが必要であった。そのため，筆者は援助の目的を変更し，A男が主体的に自分をコントロールできるようになるための課題に取り組んだ。A男はすぐに課題がうまくできるようになったわけではないが，うまくいかない際には筆者のアドバイスや援助を得ながら，あくまで自分の力でリラックス感を得ることのできるプロセスを獲得していった。また，獲得した感覚を一人で過ごしているときにも定期的に確認することで，A男は日常生活での安定感を高めていったと考えられた。

　このように，A男にとって「一人でいる」ということは，当初は不安定なものであったのが，徐々に「自分を落ち着かせられる時間」に変わっていったのではないかと考えられる。自分がリラックスできていないことに気づき，どうやったらリラックスできるのかということも知って実践していくことで初めてA男は「一人でリラックスして過ごす」ことが体現できるようになったのではないかと考える。また，その後A男は一人でカラオケに行って歌うことや小説を読むことで，余暇時間を楽しむ術も身につけている。もちろん，趣味を共有する時間を過ごせる友人等ができればなおよいのかもしれないが，少なくともA男は，学業に対して努力して取り組むことへのご褒美として「一人での余暇」をそれなりにリラックスする時間として過ごすことができるようになっていったと思われる。つまり，自分なりのコントロール感の獲得に対する実感があって初めて，「一人でリラックスして過ごす」ということを意味のある時間として感じられるようになったのではないかと考えられる。

　提供事例からはやや離れるが，例えば趣味に没頭するなどして切り替えが利

かない子どもや，眠ることも忘れて趣味に集中しすぎて翌日動けなくなってしまう子どもなどについても，同様のことが言えるのではないだろうか。つまり，自分自身が今どのような状態であり，何をしてどの程度ストレスを発散することができればよいのかについて，まず自分の状態を理解できるよう支援することが必要だと考えられる。そのためにも，周囲の人間がその子の切り替えの難しさや，その子がどうして没頭せざるを得ないのかという背景的要因に目を向け，必要なリードはしてあげつつも，あくまでその子自身が安心できる体験の獲得や環境の整備を支援してあげることが，本当の意味での「余暇」を有意義に過ごすことにつながるのであろう。

4 おわりに

昨今，自然災害が多発するようになり，生活環境に与える影響は甚大さを増している。また2020年以降，新型コロナウィルス感染症拡大の影響で，人々には目に見えない心理的な負荷が強くかかっていると思われる。今後，これらの影響が目に見える形で様々に表れてくることが懸念される。発達に偏りのある子どもたちにとって，その影響はなおのこと大きいであろう。しかし，冒頭に述べたように，彼らは自分の体験を適切に理解したり表現したりすることが苦手なのである。だからこそ，より一層彼らの内的な体験に目を向け，まずは彼らの代わりに気づいてあげるということが大切ではないだろうか。そして，そのためには支援者自身こそ自らに心の余裕を持ち，上手な気分転換の方法を持ち合わせておくことが望ましいことを，最後に書き添えておきたい。

【引用・参考文献】

船橋敦彦（2017）臨床動作法による思春期危機を迎えた子どもへの支援：発達障害のある子どもたちの「からだ」から「こころ」を支援する．教育と医学, 65（9），26-33.

成瀬悟策（2000）動作療法．誠信書房.

大河内綾子・松永信智・野村恵子（2020）発達障害児・者の見える化を促進するための身体感覚の評価に関する文献レビュー．熊本大学医学部保健学科紀要, 16, 19-26.

第9章

「好きなこと」と生きていく
——世田谷区受託事業「みつけばハウス」の実践から

尾崎ミオ

1 はじめに

　一昨年に亡くなった父は，とても個性的な人だった。

　こだわりが強く，料理や季節の行事により使う皿，食器の組み合わせに細かいマイルールがあった。50年以上つれそった母も細かすぎるルールを覚えることができず，食事のたび「和食に，この皿はありえない」「皿がちがうから，食欲がなくなった」「あまりの違和感に，吐き気がする」（実際に吐くことすらあった）などと難癖をつけられるのが日常茶飯事だった。

　偏食もすさまじかった。ニンニク，ニラ，ねぎ，玉ねぎなど香りの強い野菜は「臭い」と言い放ち，いっさい食べられず，家で調理することも許さなかった。ほかの野菜類も「牛や馬が食べるもの」と決めつけ，口に入れようとしない。にもかかわらず大変な美食家で，高級な食材を好み，自ら漁港に買い付けにでかけるほど，特に新鮮な魚介類には目がなかった。寝たきりになり，じゅうぶんな食事がとれなくなってからも，最後まで病人食を拒否し，大好物だった貝のお寿司を食べ続けた。

　収集癖があり，食器だけでなく，切手，ライター，ミニチュアボトル，工具，ネクタイなど，さまざまなコレクションが残っている。凝り性でもあり，カーレース，ダンス，釣り，プラモデル作り，革細工，写経，俳句，油絵，園芸ほか，ありとあらゆることにハマり続けた。熱中すると寝食を忘れ，明け方まで作業を続ける父の，鬼気迫る姿をよく覚えている。

　私が幼稚園のころ，当時住んでいた借家に，父がコツコツつくりあげた庭園は，特に印象深かった。イングリッシュガーデンに憧れたのか，猫の額ほどの小さな庭に果実のなる樹を植え，薔薇園をつくり，蔦のからまるアーチを備え，

白いブランコを設置し，理想の庭をつくった。けれども，それだけでは飽き足らず，なにを血迷ったのか錦鯉の泳ぐ池を掘り，苔むした石で囲い，松を植え，灯篭を立てた。あまりに小さい池だったので，錦鯉はたびたび池の外に飛び出し，無残な死をとげていた。子どもの目から見ても，かなりインパクトがあり，近所の人が見学に来るほど，和洋折衷の不思議な空間だったが，私はその唯一無二のワンダーランドが大好きだった。

　「旅」と「美味しいもの」をこよなく愛する遊び人だった父は，50代であっさり仕事を引退。悠々自適の生活を送りつつ趣味のヨットをのりまわし，仲間と旅に出た。当時，海上では携帯電話もつながらず，数週間，連絡がとれないことも珍しくなかった。自己中心的で，ワガママで，エゴイストで，やりたい放題の父だったが，どこか憎めないところがあり，みなに愛された。

　亡くなる数年前，そんな父に「お父さんは幸せ？」と聞いたことがある。間髪入れず父は，「あたりまえやないか。俺の人生カンペキや」と答えた。

2　遊ばないと心が死んでしまう

(1)「余暇＝余りの時間」という違和感

　そんな父をモデルに育ったので，「余暇」という言葉に違和感を覚える。「余暇」には「労働や学業の合間の時間」というニュアンスがあり，あくまで「労働」「学業」をメインにした印象がある。もっと言えば，「労働や学業＝生産性のある活動」，「余暇＝生産性を高めるための活動」という，資本主義の悪魔のささやきを感じる。意外かもしれないが，かつてマルクスは人間の生活時間を「必然性の国（社会的な活動時間）」と「自由の国（それ以外の時間）」に区分し，「自由時間は，余暇時間であるとともに，人間が発達するための高度な活動をおこなう時間」定義していた。さらに，ハンナ・アーレントは「労働」「仕事」「活動」の3つに分け，近代社会が社会的な時間を重視する「労働社会」となり，人間にとってもっとも重要な「活動（自由な時間）」を抑圧していることに警鐘を鳴らした（アーレント，1958）。

　けれども残念ながら彼らが危惧していた通り，オートメーション化が進んだ

現代でも、「労働」は人々を圧迫し続け、多くのニンゲンは「社会的な存在」として評価されることを目的として生きている。その結果、「自由な時間＝遊び」の価値は過小評価され、本来の輝きを失いつつある。それは「発達障害」支援の現場においても、例外ではない。

（2）遊びは魂の活動。遊ぶことで心は育つ。

たとえば「早期療育」という場では、多くの場合「支援者が子どもを指導する」という方法がとられる。一例をあげると、コミュニケーションに困難を抱えやすいといわれる自閉スペクトラム症（ASD）の子どもに対して、ソーシャルスキルを支援者が教えるプログラムがある。けれども、本当にそれでいいのだろうか？

日本初の冒険遊び場「羽根木プレーパーク」の初代プレーリーダ天野秀昭は、「ご飯を食べないと体が死んでしまうように、遊ばないと心が死んでしまう」（天野、2011）と言った。天野の説を借りるなら、ソーシャルスキルは決して人から与えられるものでも、トレーニングするものでもない。豊かなコミュニケーションは、自然な遊びの中でこそ、はぐくまれていく。

そして、本来「遊び」とは人から強制されるものでも、親や指導者がファシリテートするものでもない。遊びは「楽しそう」「やってみたい」という、自由な「ときめき」から発生する。遊びには、正解がない。目的も、ルールも、やりたいことも、どんどん変わってOK。最初は「いないいないばぁ」をやっていたのに、とちゅうで「にらめっこ」に発展したり、新たなルールが加わったり、相手の反応や参加するメンバー、そのときの気分やノリにより変化するのが、遊びのダイナミズムだ。そして、「もっと面白く」「もっと楽しく」というポジティブな意欲が原動力になり、その子のポテンシャルをひきだしていく。

残念ながら、遊びのダイナミズムは、決して大人がつくった枠組みの中では再現することができない。なぜなら、経験豊富なほとんどの大人は無意識のうちに先を読み、良かれと思って「調和をとること」や「安全な場所に着地させること」をコントロールしてしまうからだ。

大人の「安全に」「できるだけ失敗させたくない」と願う善意の行動は、「監視」につながりやすい。そして多くの場合、「監視」は主体的な判断力を奪う。

（3）優秀なコンダクターより，もっと冒険を！

　以前，どこかで「優秀なツアーコンダクターがいるパッケージツアーに慣れると，自分で旅の計画を立てたり，イレギュラーな冒険を愉しんだりできなくなる」「子育ても同じ。親が優秀なツアーコンダクターだと，子どもは主体的に自分の進路を考えなくなる」という記事を読んだ記憶がある。最近，早期療育を受けてきた子どもたちと接して，そのぼんやりした曖昧なオーラに，「主体性が奪われている」と感じることが多い。親やまわりの大人の顔色をうかがい，自分の気持ちや意志を主張しない。そんな子どもたちに必要なのは「療育」の時間よりも，大人の監視下にない「遊び」の時間なのではないか……。けれども残念ながら，スケジュールが療育やお稽古事で埋め尽くされ，「大人の監視から逃れ，自由に遊べる機会は，オンラインのみ」という子どもたちが増えている。最近の子どもたちがオンラインゲームに夢中なのは，オンラインの世界は唯一，親のコントロールが届かない「自分の世界」だからではないか。

3 世田谷区受託事業「みつけばハウス」

（1）何かがみつかる。冒険がはじまる。

　私が企画・運営にかかわる「みつけばハウス」は，ASDなどのニューロマイノリティ（神経学的少数派）の若者が，主体的に人生をサバイバルする冒険に必要な「ナニかをみつける」場所として，2016年にスタートした。ピアサポート（仲間による助け合い）をコンセプトにしており，分別ある大人が支援を行うのではなく，利用者と一緒に「遊ぶ」ことを，核としている。ニューロマイノリティの児童館のようなところと言えば，わかりやすいだろうか。ニューロマイノリティの若者の中には，学校と家の往復で，親や先生の目の届かない場所で，自由奔放に友だちと遊んだ経験が，ほとんどないという子も少なくない。ましてや不登校になってしまうと，家族以外とは話す機会をもたない毎日を送っている場合もある。

　みつけばハウスでは，そんなマイノリティのニーズに応える，さまざまな遊

べるプログラムを月に20回ほど提供しており，現在は，中学生から30歳くらいまでの若者が参加している。

みつけばハウスの実践を通して，わかったことがある。ニューロマイノリティは想像以上に，日常生活の中で抑圧され，自分の感性を封印している。「誰も自分の話など聞いてくれない」「本音を言うと嫌われる」などと，やさぐれている人も多い。その主体性は，はるか心の奥底に沈み，生きる意欲を失っているように見えることもある。

けれども，彼らの知的好奇心を刺激するテーマを提示すれば，その瞳はキラキラと怪しく輝きだす。最初は，おそるおそる。それから，チラリチラリ。手ごたえを感じると，ダムが決壊したように，とめどなく話し出し，止まらなくなる人も少なくない。それほど「受け止められる」経験に飢えている。

そのためか，開所当時は粘土で動物土偶を制作したり，戦国時代の兵糧丸を実際に作って食べ比べたり，架空都市の地図を書いたり，ASDの感性を刺激するマニアックなプログラムが圧倒的な人気を集めた。アングラなセンスが受けると知ったスタッフの一人は，世捨て人を気取って虚無僧に扮したり，新年早々にみなで藁人形をつくったり，粘土で制作したう〇こを飼育しはじめたり，秘密結社を結成したり，大人が眉をひそめるようなワークショップを企画し続けた（図9-1）。あげく，ごくまともな感覚をもった大人から「何をやっているのか，わからない」「親御さんたちが敬遠する」「就職やスキルの向上に役立つプログラムをやってほしい」というオーダーがあり，先輩が仕事の体験を語るワーク

図9-1　「みつけばハウス」のワークショップ（一部）の様子

ショップや，友だちづくりを目的としたプログラムを企画してみたが，面白い
くらいに参加者が集まらなかった……。

　けれども，開所して２〜３年がたち，毎日のように顔をみせる「常連さん」が
定着すると様相が変わってきた。常連さんより「共同制作がしたい」「みんなで
遊びたい」というリクエストが寄せられるようになり，今では，みんなで近所
の公園に出かけたり，アナログなボードゲームで遊んだりする，ごく健康的な
プログラムも満員御礼となることが多い。

　利用者にみつけばハウスについて問うアンケートの結果をみても，「知らな
かった世界を知ることができた」「興味を広げられる場所」などという答えのほ
か，「人と生きる経験を積めるところ」「個性あふれる人と交流できる」など，コ
ミュニケーションに注目した回答が目立つ。

（2）遊び→自己表現→コミュニケーション

　遊びの中で育っていく子どもたちを長く見守ってきた天野は，「自分の中にあ
る世界を表に表現し，表現したものを見て新たなインスピレーションが湧き，こ
れを繰り返すことで表現した世界がさらに広がり，さらに深まる。人は，遊び
を通じて自分を育てていく」と説く（天野，2011）。同様に，私もみつけばハウ
スの実践の中で，遊びこそがコミュニケーションする力や意欲をつちかうとい
うことを実感してきた。

　まず，自分の好きなこと・夢中になれること・興味がもてることなどがあり，
それを表現し他人に受けとめられ，共有する経験から，「もっと他人とかかわり
たい」「伝えたい」という欲求が生まれる。すると，自然に「伝えるためにはどう
したらいいだろう」「相手に喜んでもらうには？」と考えるようになり，コミュ
ニケーションする力がはぐくまれていく。自分だけでなく，人と一緒に楽しむ
ためには，相手のペースにあわせたり，時にはガマンしたり，ちょっとした知
恵や工夫がいるからだ。

　さらに発展すると，「人の役に立ちたい」「みんなで面白いことがしたい」など，
社会にコミットする意欲につながっていく（図9-2）。

4 「善く生きる」ために

（1）遊びも人生もエネルゲイア！

アリストテレスが提唱した「キーネーシス」と「エネルゲイア」という概念がある。私は，哲学者の岸見一郎先生から，この言葉を教わった。

キーネーシスには始点と終点があり，できるだけ効率的に目的を達成することが求められる。例えてみると，どこかの場所に行くとき，「通勤」や「通学」のように，できる限り最短で効率の良い方法で目的地にたどり着くのがキーネーシスだ。

一方，エネルゲイアは，その行為自体（プロセス）を目的とする。なので，効率的に目的地にたどり着くことを優先しない。「散歩」や「旅」が，エネルゲイアにあたるだろう。寄り道して美味しいものを食べたり，風景を愉しんだり，写真を撮影したり，思わぬトラブルにみまわれたり……そんなプロセスすべてが，かけがえのない時間だ。

「労働」や「仕事」がキーネーシスなら，「遊び」はまさにエネルゲイアだ。目的を優先させるのは無粋であり，遊ぶこと自体に喜びやときめきがある。そし

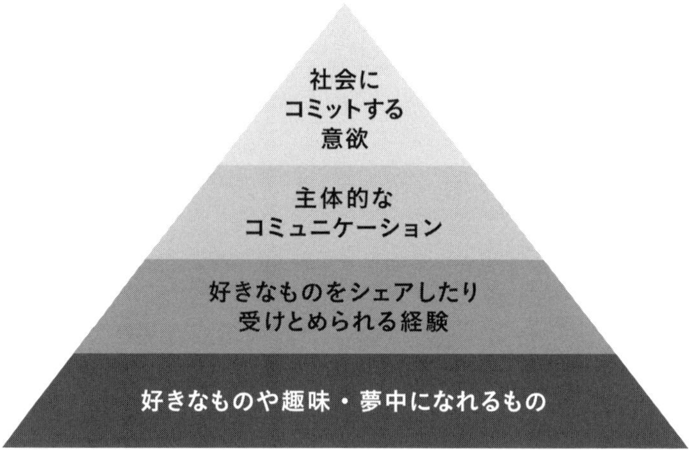

図9-2　社会性・コミュニケーションをはぐくむピラミッド

て，岸見先生はエネルゲイアの典型的な例に「生きる」ことがあるという（岸見，2012）。つまり，人生の目的は「学校を卒業し」「仕事に就き」「労働者となり」「やがて退職し」「老いる」というルートをたどり，効率的に「死」という目的にむかうことでない。今，この瞬間を「生き」，「人生を楽しむこと」，そのものに価値がある。

とくにニューロマイノリティの場合，多くの人たちが「生きづらい」というキーワードで人生を語る今の世の中で，効率のよいルートをみなと同じペースで歩むには，想像以上の忍耐や努力が必要となる。必死でみなとペースをあわせる人生が，楽しいはずもない。「フツウになれば」「みんなと同じルートを歩めば」「社会に適応できれば」，安全に生きることができるというのは，根拠のない幻想にすぎない。

「よく生きる」ためには「自分の人生なんだから，もっと楽しく生きたい」という主体性こそ大切なはずだ。そして，「もっと楽しく」と望むその感性や実行力は，まちがいなく「遊び」の中で培われる。

（2）一期は夢よ ただ狂へ

勉強が得意ではなく，多くの時間をムダに遊んで過ごしていた私は，かつて妹から「『アリとキリギリス』のキリギリスのようだ」と揶揄されたことがある。その時「どんなに未来に備えていても，ノストラダムスの大予言が現実になり地球が滅亡すれば，意味がないじゃないか」と，内心，舌を出していた。ノストラダムスの大予言は当たらなかったが，遊びに費やした時間に後悔はない。

人目を気にせず，他人の評価などおかまいなしに，好きなことにのめりこんだり，ムダなことに時間を費やしたり……そんな時間が何より人生を豊かにするのだと，私は父から教わった。だから，よく遊び，よく食べ，よく眠る。「余暇」ではない。それこそが，人生なのだ。

【引用・参考文献】

天野秀昭（2011）よみがえる子どもの輝く笑顔．すばる舎．
ハンナ・アーレント（1958）人間の条件．ちくま学芸文庫
岸見一郎（2012）よく生きるということ：「死」から「生」を考える．唯学書房
鷲田清一（2015）だれのための仕事：労働vs余暇を超えて．講談社学術文庫

第10章

就労を支える余暇活動
――保護者の立場から

五里江陽子

1 ASDの息子のワークライフバランス

　ASDの息子は化学メーカーの管理部門で働く経理男子。専門学校で簿記を学んだのち新卒で就職して5年目になる。ASDをオープンにして就職したので，職場には彼のASDの特性による困難に対して合理的配慮がある。数字が好きで計算が得意なこと，法則性を見つける力とワーキングメモリーが強い特性を活かして事務職として活躍している。

　飲み会が大の苦手だが，管理部門の若手男性部員は彼一人なのでアフターファイブが飲み会でつぶれることはほとんどない。新年会，歓送迎会，忘年会などのルーチンをこなせばよいだけなので何とかなっている。残業が月20時間程発生するが，経理の仕事の特性上，忙しい時期や残業が発生しそうなタイミングは分かっているので見通しを立てることができる。

　退社後は夕食準備，風呂掃除などの家事をこなす。残業が多い兄と2人暮らしのため平日の家事は彼が担当する。手早く家事を済ませて大好きなテレビゲームで遊ぶのが日課だ。仕事のスキルアップのために通信教育を半年毎1講座受講しているので，ゲームの合間に勉強もする。好んで受講するのは『聞く力を育てる』『判断力を鍛える』といった会社人としての基本スキル講座だ。

　休日も早起き。休日の家事は兄が担当するので彼はゲームに没頭できる。ボードゲームやテーブルトーク・ロールプレングゲーム（TRPG）も好きで，イベントに参加したり専門学校時代の友だちと集まって遊んだりする。また，一昨年からは，高校生の頃から参加しているTRPGサークルの活動にスタッフとして関わるようになり，月1回の活動ではゲームのファシリテーター役であるゲームマスター（GM）を務めている。GMにはストーリーや設定を考える事前準備

が必要なので，会社でのランチタイムを使って準備する。彼の生活は仕事と趣味を両立させるべく，完全にスケジューリングされている。

2 友だちが欲しいと願った子ども時代

　TRPGのGMを務めていると言うと，饒舌な青年がイメージされるかもしれない。しかし，息子は正反対の口数が少ないタイプだ。幼少期から言葉の遅れ，コミュニケーションの困難が大きく，3歳から言語訓練を受けていた。当初は知的障害と診断されていたため，小学校は知的障害特別支援学級に入学した。入学後に知的障害はあってもごく軽度であることが分かり，小学4年時に自閉症・情緒障害特別支援学級に転籍。本人の希望もあって5年時には通常学級に転籍したが，通常学級でのコミュニケーションは難しかった。個別の指導計画には彼の課題が下記のように記されていた。

> ・語彙が少なく指示を理解できないことがある
> ・社会的状況や抽象的な物事の理解が苦手
> ・社交辞令や冗談などのニュアンスが伝わりにくい
> ・自分の思いを言葉で表現することが苦手
> ・自分からクラスメートに声を掛けるのに勇気と時間が必要

　このような特性のある子どもが，高学年以降の学校生活において仲間として受け入れられるのは難しい。通級指導教室，特別支援教育支援員による教室内でのサポートなど，受けられる支援はすべて受けながら適応を目指したが，クラスでの孤立は深まるばかりだった。親として切なかったのは，そのような状況でも本人があくまでクラスの一員でありたいと思い，友だちが欲しいと願っていたことだ。振り返って考えると，本人のこの意欲こそが今の土台になっていることが分かる。ただ当時は，一人遊びに集中できるお子さんや，鉄道のように同好の士が多い趣味に熱中し同好会活動できるお子さんが羨ましかった。私は息子の願いを応援するため，地域で親の会を立ち上げ，料理や工作，音楽，スポーツなどのレクリエーションを企画するようになった。息子が好きなものを

見つけ，好きなものを介して人と交流できるよう，そのきっかけを作れればと思っていた。

3 寡黙な青年，TRPGに出会いゲームマスター（GM）を目指す

　小学校卒業後は，穏やかな生徒が多い私立中高一貫校を選んで進学。そこでは友だちもできた。友だちとの交流の中で，息子はコミュニケーションが苦手な自分が周囲を楽しませるにはどうしたらよいか考えていたと言う。そして，手品を練習して学校で披露するようになった。手品は今でも彼の特技である。

　一方，母親の私が企画する親の会のレクリエーションには興味を示さなくなっていった。高校生ともなると参加しても嫌々だ。そんなとき，行き詰まって企画したのがTRPG体験会だった。発達障害の高校生が楽しめるものを模索した末にたどり着いたのがTRPGだったとも言える。もともとRPGなどのゲームが好きだった息子はすぐに夢中になった。息子だけでなく参加した高校生は皆熱中し，TRPGは親の会の歴史に名を刻む大ヒット企画となった。私は久しぶりに息子が目をキラキラさせながら楽しむ姿を見ることができた。

　このとき，息子がもっとTRPGをやりたいと願ったのであれば，私は飛び上がって喜んでいただろう。しかし，体験会の最終日，息子がGMに駆け寄って自分もGMになりたいと直訴し始めたので私は凍り付いてしまった。何をどう勘違いしてそんな夢を見てしまったのかと途方に暮れた。それはどう考えても不可能なことに思われたし，彼を傷つけずに諦めさせることも難しいと感じたからだ。実際，関係者もみな困惑した。彼のコミュニケーション力を知っている人で，彼にGMが務まると考えた人はいなかった。

4 コミュニケーション力は意欲と経験で伸びる

　しかし，息子の限界を決めつけず，彼の熱意に応えてくださった方々がいて，発達障害の青少年のためのTRPGサークル『サンプロ』でGM養成講座が開催されることになった。1年にわたる養成講座を経たのち，スタッフのサポートを受けながら経験を積み，大方の予想に反して息子は立派にGMになった。GM

になったことで，TRPGは大好きな趣味に留まらない彼のライフワークになった。長いスパンでテーマや目標を持ち，コロナ禍でもオンラインTRPGでGMを務めるなどチャレンジと成長を続けている。

　思えば息子がGMになりたいと直訴したとき，息子が私に相談することなく自分で考えて行動を起こしたことをもっと評価すべきであった。自分の思いを言葉にすることが苦手な息子は，誰かに何かをお願いするときは事前に私に相談して一緒にセリフを考えたり練習したりするのが常だったからだ。突発的に見えた行動には並々ならぬ熱意と決意があったはずだ。ASDの人が没頭できる楽しみを見つけて発揮する力の大きさ。そもそもコミュニケーション力は意欲と経験を積める場があってこそ伸びること。そして，彼の人を楽しませたいという想いには手品という実績があったこと。これらを信じてあげられなかったのは私の不覚である。

　TRPGと出会って息子とのコミュニケーションは格段に面白くなった。もちろん，寡黙だった息子が立て板に水のごとくしゃべるようになったということはない。相変わらず口数は少なく横板に雨垂れで声も小さい。しかし，安定して確実なコミュニケーションが取れるようになった。特にTRPGの影響と成長が感じられるのは下記の3点である。

（1）語彙が増えた

　息子は興味関心を持てない知識には注意が向きにくく，広く浅い知識を身に付けにくかった。TRPGは様々な知識への興味関心を引き出した。言葉の意味を調べたり，探したり，言葉の引き出しを増やす努力をするようになった。

（2）冗談を言えるようになった

　不正解や失敗が無いTRPGの世界では一般的なコミュニケーションよりチャレンジができる。これを言ったら受けたという経験も積みやすい。場数を踏んだ成果だと思う。

（3）説明が上手くなった

　ときどき新しいボードゲームのマスタリングの練習に付き合わされるのだが，

彼の説明力は日々進化している。参加者が理解できているか，ゲームへのモチベーションを保てているか，常に意識しているからだろう。私は彼のように優しく丁寧に教えることができていたか自信がなく反省するばかりである。

　今，息子は幼少期に問題となっていたコミュニケーション上の課題をすべてクリアしているように思う。

5 仕事を本分，趣味を余暇活動と位置付ける

　ここで気をつけておきたいのは，大人の本分は仕事であり趣味は余暇活動であることをしっかりと位置付けておくことだ。そんなことは当たり前に分かっていると考えがちだが，発達障害の子どもは通常であれば成長に伴って自然に学んでいくようなことを自然には学べないことが多い。そもそも働く意味が分かっていないこともある。生きていくためにはお金が必要であること。学校を卒業したら働いてお金を稼ぐ必要があること。分かっていて当然であることは言葉にして繰り返し教えていく必要がある。最近では通常学級でもキャリア教育が取り組まれるようになってきたが，残念ながら発達障害の子どもには十分ではない。家庭で意識してキャリア教育に取り組み，その子に合った仕事や働き方について幼少期から模索していきたい。

　我が家では，通常学級のキャリア教育が特別支援学級に比べて貧弱であることに危機感があり，親の会や地域の協力を得てキャリア教育に取り組んできた。地域のイベントに団子屋やカフェを出店して販売する仕事体験，障害児施設での清掃ボランティア，就労移行支援事業所での事務作業体験，様々な職業・職種・働き方について学ぶ就労準備講座など。なかでも息子が熱心に取り組んだのが「一人暮らしプランニング」だった。将来の一人暮らしを想定して部屋を探し，家賃や光熱費などを調べて一人暮らしにかかる費用を算出。そうすることで最低どのくらいの給料を稼ぐ必要があるか逆算することができる。息子には，大好きなグッズで埋め尽くされた部屋で一人暮らしをしながら趣味を楽しみたいという野望があった。そのため，それは熱心に取り組んでいた。そして，必要な給料を算出する際には趣味を楽しむためのお金を加算していた。

　これらの取り組みを通じて感じたのは，息子だけでなく趣味を持っている子どもはお金を稼ぐことへのモチベーションが高いということだ。稼いだお金の使い道について明確な目的があり，それが働く意欲につながっている。大切な趣味を持っていることは，就労自立をも後押しする。

6　趣味は人生を形作る重要な要素になる

　趣味は息子の進路選択を助け，就活ではアピールポイントにもなった。発達障害の人の安定した就労には，自分に合った仕事や働き方の選択が不可欠だが，そのためには自分の得手不得手を理解している必要がある。息子は自分が社会で活躍するためには，興味関心を持てて能力の高い部分を活かせる専攻を見つける必要があると分かっていた。これは，学校生活や余暇活動を通じて，自分が活躍できる場とそうでない場があることが分かっていたからだ。多様な体験を積むことは自分をモニターする力につながる。そのため，高校に入学するとすぐに大学や専門学校のオープンスクール巡りを始めたのだった。経理の仕事は彼の特性にマッチしているが，その仕事を探し当てたのは彼自身である。
　そうして適職を見つけても発達障害の人たちの就職は簡単ではない。とりわけ就労実績のない新卒の発達障害学生は企業に早期離職を警戒されて敬遠される。学校で真面目に勉強して単位を取得したというのは学生にとって当たり前のことであり，就活ではほとんど何のアピールにもならないので注意したい。息子は日商簿記2級など様々な資格を所持していたが，就活でポテンシャルとして評価されたのは，これまで取り組んできた趣味や特技，ボランティアなどの経験であった。余暇活動が充実している人は安定した就労継続が期待されるため，障害者雇用においては特に重視される。様々なエピソードを踏まえて自分の特性や適性を説明できると理解もされやすい。発達障害学生は学校生活に必死になるあまり学校以外の経験が極端に少ないことがあり，経験が不足しがちである。人生を形作る大切な要素として趣味などの余暇活動も大切にしたい。
　ただ，残念ながらTRPGは就活の場で禁句である。なぜなら面接官でTRPGを知っている人は皆無に等しく，TRPGとは何かという説明だけで面接が終わってしまう可能性があるからだ。息子は「将棋や囲碁などのボードゲームが

好き」と言い換えて説明しなければならなかった。今後，TRPGの認知度が上がりストレートにアピールできることを祈るばかりである。

7 就労と余暇活動は人生を牽引する車の両輪

　今，息子は社内で定期的にボードゲーム体験会やTRPG体験会を開催している。趣味が職場でのコミュニケーションにつながり，職場外での交流にまでつながっていることに驚いた。また，上司からも，「周囲の人が積極的に話しかけたくなる人物」であり，「入社時より確実にコミュニケーション力が上がっている」「冗談に冗談で返せるようになった」と，フィードバックがあった。彼のコミュニケーション力はTRPGや家庭という限られた場所でだけ発揮されるものでなく，広く般化しているようである。集団の一員でありたい，友だちが欲しいという幼い頃からの願いは，今確かに叶っているように思う。

　自分に合ったもの，打ち込めるものを見つけたとき，発達障害の人たちが発揮する力は素晴らしい。とてつもなく高いと思われたハードルをひらりと飛び越えていく。就労と余暇活動は人生を牽引する車の両輪のようなものだろう。学生時代という準備期間を通じて，ぜひ一人ひとりに合った仕事と趣味を見つけて欲しい。

▎著者紹介 （執筆順）

加藤　浩平（かとう・こうへい）　編著者・（株）金子書房　金子総合研究所所長・東京学芸大学大学院教育学研究科研究員

藤野　博（ふじの・ひろし）　東京学芸大学大学院教育学研究科教授

野口　和人（のぐち・かずひと）　東北大学大学院教育学研究科教授

木谷　秀勝（きや・ひでかつ）　山口大学教育学部附属教育実践総合センター教授

吉川　徹（よしかわ・とおる）　児童精神科医・愛知県医療療育総合センター中央病院子どものこころ科（児童精神科）部長

河高　康子（かわたか・やすこ）　ソラアル株式会社取締役，児童発達管理責任者

松本　太一（まつもと・たいち）　アナログゲーム療育アドバイザー・放課後等デイサービスコンサルタント

吉澤　昌好（よしざわ・まさよし）　認定NPO法人トラッソス副理事長

堀口　智美（ほりぐち・ともみ）　東京都立久我山青光学園教諭

黒山　竜太（くろやま・りゅうた）　熊本大学大学院教育学研究科准教授

尾崎　ミオ（おざき・みお）　編集ライター・NPO法人東京都自閉症協会副理事長・世田谷区受託事業みつけばハウス代表

五里江陽子（ごりえ・ようこ）　保護者

▋監修者紹介

柘植雅義(つげ・まさよし)

筑波大学人間系障害科学域教授。愛知教育大学大学院修士課程修了，筑波大学大学院修士課程修了，筑波大学より博士（教育学）。国立特殊教育総合研究所研究室長，カリフォルニア大学ロサンゼルス校（UCLA）客員研究員，文部科学省特別支援教育調査官，兵庫教育大学大学院教授，国立特別支援教育総合研究所上席総括研究員・教育情報部長・発達障害教育情報センター長を経て現職。主な著書に，『高等学校の特別支援教育 Q&A』（共編，金子書房，2013），『教室の中の気質と学級づくり』（翻訳，金子書房，2010），『特別支援教育』（中央公論新社，2013）『はじめての特別支援教育』（編著，有斐閣，2010），『特別支援教育の新たな展開』（勁草書房，2008），『学習障害（LD）』（中央公論新社，2002）など多数。

▋編著者紹介

加藤浩平(かとう・こうへい)

株式会社金子書房 金子総合研究所所長，東京学芸大学大学院教育学研究科研究員，同大学非常勤講師，編集者。早稲田大学教育学部卒業後，出版社勤務の傍ら，筑波大学大学院人間総合科学研究科（博士前期課程），東京学芸大学大学院連合学校教育学研究科（博士後期課程）を修了。博士（教育学）。専門は特別支援教育，思春期・青年期の発達障害のある子ども・若者のコミュニケーション支援および余暇活動支援。編集業を続けながらテーブルトーク・ロールプレイングゲーム（TRPG）などを通じた「コミュニケーションを楽しむ」余暇活動のサポートに取り組んでいる。主な著書（いずれも共著・分担執筆）に，『自閉スペクトラム症のある青年・成人への精神療法的アプローチ』（金子書房，2021），『〈自閉症学〉のすすめ：オーティズム・スタディーズの時代』（ミネルヴァ書房，2019）『自閉スペクトラムの発達科学』（新曜社，2018），『いただきダンジョン RPG（TRPG ルールブック）』（コミュニケーションとゲーム研究会，2014）など。映像作品（DVD）に『発達障害のある子の余暇支援：TRPG で楽しくコミュニケーション』（全4巻）がある。

ハンディシリーズ 発達障害支援・特別支援教育ナビ

発達障害のある子ども・若者の余暇活動支援

2021 年 9 月 30 日　初版第 1 刷発行　　　　　　　　　　　　［検印省略］

監修者	柘 植 雅 義
編著者	加 藤 浩 平
発行者	金 子 紀 子
発行所	株式会社 金 子 書 房

〒112-0012　東京都文京区大塚 3-3-7
TEL　03-3941-0111 ㈹
FAX　03-3941-0163
振替　00180-9-103376
URL　https://www.kanekoshobo.co.jp

印刷／藤原印刷株式会社　製本／一色製本株式会社
装丁・デザイン・本文レイアウト／ mammoth.

© Kohei Kato, et al., 2021
ISBN 978-4-7608-9556-4　C3311　Printed in Japan